# Modelos institucionais de interpretação da Constituição:
## Supremacia judicial, Supremacia parlamentar e Diálogos constitucionais

FELIPE PEREIRA MAROUBO

# DEDICATÓRIA

Aos meus pais, Maria Aparecida e Paulo, pela vida, pelo apoio incondicional e por acreditarem no poder transformador do conhecimento.

Aos meus avós, Doralice, Antônio, Dirce e José, exemplos de amor, fé, trabalho e sabedoria.

# SUMÁRIO

# RESUMO

Neste livro, oferecem-se os contornos teóricos das relações de interdependência entre direito e política e dos fenômenos da judicialização da política e do ativismo judicial na construção do Estado Democrático de Direito e do equilíbrio dos poderes constituídos. Fixa-se uma análise dos modelos institucionais de interpretação da Constituição, nomeadamente a supremacia judicial e a supremacia parlamentar. Além desses, estudam-se os tipos híbridos ou mistos, que se aglutinam na doutrina dos diálogos constitucionais. O intuito é examinar, em perspectiva normativa, o alcance e eficácia dos mecanismos de superação normativa de decisões constitucionais do Supremo Tribunal Federal, inclusive pela seleção de casos difíceis, como o da vaquejada, e minuciar as repercussões e tensões no sistema de freios e contrapesos com o advento da Proposta de Emenda à Constituição nº 33/2011. A definição e interpretação do sentido da Constituição Federal de 1988 são visadas buscando constatar a importância dos diálogos constitucionais e da soma de capacidades institucionais para o fortalecimento do princípio democrático, intrínseco ao Estado de Direito.

# 1 INTRODUÇÃO

O objetivo central deste livro é engendrar um panorama de análise dos modelos institucionais de interpretação da Constituição, nomeadamente a supremacia judicial, a supremacia parlamentar, bem como os tipos híbridos ou mistos, que consistem a doutrina dos diálogos constitucionais.

Em um primeiro bloco, os contornos teóricos das relações de interdependência entre Direito e Política são assinalados, com vistas à compreensão do sentido da política do direito e do direito da política. Com isso, observam-se os novos espaços ocupados pelo Poder Judiciário via politização do Judiciário, judicialização da política e ativismo judicial, a fim de avaliar os passos tomados pelo sistema político brasileiro e o grau de adesão, extensão e influência da judicialização da política e a da politização das instâncias judiciárias na construção do Estado Democrático de Direito.

Em seguida, o livro aborda, com apoio na reflexão atenta da doutrina nacional e estrangeira, em especial, norte-americana, os conceitos, características e argumentos empregados para sustentar os modelos de interpretação constitucional. O mote é buscar os traços basilares das principais teorias, com intuito de apresentar descritivamente seus aspectos positivos e negativos em relação à finalidade política e jurídica que pretenderam alcançar, bem como investigar as contribuições que os modelos mistos e as teorias dialógicas forneceram para o debate sobre a última palavra na interpretação constitucional e sua repercussão no modelo de supremacia judicial e parlamentar. Além disso, cumpre averiguar a conformação da atividade política no âmbito do sistema de justiça, com ênfase nas tendências contemporâneas da teoria da separação das funções do estado.

Em último bloco, o zelo recai sobre o desenho institucional brasileiro e as repercussões da doutrina dos diálogos constitucionais na seara político-jurídica nacional. Em perspectiva normativa, o alcance e eficácia dos mecanismos de superação normativa de decisões constitucionais do Supremo Tribunal Federal são analisados, com a aplicação de *hard cases,* como o da vaquejada, bem como são investigadas as repercussões e tensões no sistema de freios e contrapesos com o advento da Proposta de Emenda à Constituição nº 33/2011.

Com propósito de deslindar os questionamentos e objetivos supracitados, utiliza-se com preeminência o tipo de pesquisa bibliográfico, o método dedutivo, a fim de obter uma conclusão a respeito das premissas mencionadas, e a técnica de análise textual, temática e interpretativa.

A investigação, em síntese, recai sobre a definição e interpretação do sentido da Constituição Federal de 1988, almejando constatar a importância dos diálogos constitucionais e da soma de capacidades institucionais, além das posturas cooperativas para solucionar impasses e fortalecer o princípio democrático.

# 2 DIREITO E POLÍTICA: RELAÇÃO DE INTERDEPENDÊNCIA

A intersecção entre direito e política é fato irrefutável, de modo que o fenômeno jurídico é, em essência, uma atividade política. Nesse sentido, a criação do Direito e a deliberação judicial ganharam contornos convergentes que conduzem a uma eleição pública de caminhos a serem desvelados pelas instâncias governamentais. Desta feita, o comportamento do Poder Judiciário tem sido examinado para verificar quão influentes são as pressões das outras instâncias estatais, bem como o modo como o discurso jurídico se alberga em relação aos alinhamentos institucionais do poder.

Em vista disso, Barroso (2012a, p. 1679-1682) é categórico ao afirmar que é fundamental, no Estado constitucional democrático, a separação tradicional entre a órbita do direito, caracterizada pela prioridade da lei – *the rule of law*, dos direitos fundamentais e da razão; e a esfera da política, em que gravitam a soberania popular, o princípio majoritário e o domínio da vontade.

A despeito desta separação *prima facie* imposta ao direito e à política, o autor destaca que os fenômenos de criação e de aplicação destes dois elementos devem ser analisados em dois planos diferentes, quais sejam, o plano da criação e o plano da aplicação.

Relativamente ao plano de criação, é impossível a separação entre direito e política, pois o direito é produto da política, do processo legislativo ou constituinte originário ou derivado. O direito é produto dos embates e debates das forças políticas e nasce como uma representação da vontade da maioria, em determinado tempo e espaço histórico, passando a moldar o Estado de direito democrático, sua Constituição, suas leis e, a partir deste momento, a legitimar e limitar o poder político.

Sucessivamente, no plano da aplicação, sob a égide da racionalidade, abandona-se a inseparabilidade entre direito e política, para ganhar espaço a possibilidade positiva de separação dos dois espaços de influência. Frise-se que é uma possibilidade, o que não quer significar a inseparabilidade, mas tão somente a sua viabilidade. A rigor, portanto, na esfera da aplicação, a possível separação entre direito e política quer evitar a interferência do poder político na atividade jurisdicional, de maneira que os legisladores não possam atuar com arbitrariedade sobre os assuntos estatais, nem utilizar leis ou atos normativos para aplicação em situações concretas de seus interesses próprios sem a observação das balizas legais.

Esta concepção, no entanto, da separação entre política e direito no campo da aplicação é analisada criticamente por Barroso (2012b, p. 1679-1682) ao reconhecer que a interpretação judicial não é um processo mecânico de concretização das normas jurídicas e que não se deve levar ao extremo a ausência de interpenetração entre direito e política, no caso da aplicação, pois são diversas as possibilidades interpretativas e valorações técnicas do direito, de modo que por mais que a separação entre direito e política seja possível e desejável, a eventual interpenetração não pode ser descartada.

Em síntese, de modo geral, há interdependência entre política e direito, pois o direito é reflexo da política e dos valores históricos dominantes, enquanto a política é limitada e justificada pelo direito. Ao mesmo tempo em que há a política do direito, calcada no conjunto decisório para a criação da estrutura normativa do Estado, há o direito da política, no caminho oposto, designando o conjunto de decisões políticas fundamentais disciplinadas em normas jurídicas, a fim de consagrar a atividade estatal.

A Constituição, nas lições de Barroso (2012b), é o componente primário e central desta imbricação entre política e direito, pois representa a passagem de um estado de fato da política, sob regência da vontade e da soberania popular, para um estado de direito, de definição de Poderes de Estado, com competências funcional e politicamente (majoritários ou contramajoritários) diversas, instituições e sujeitos limitados em suas estaturas e ações pela atuação da lei, como descreve:

> a Constituição é o primeiro e principal elemento na interface entre política e direito. Cabe a ela transformar o poder constituinte originário – energia política em estado quase puro, emanada da soberania popular – em poder constituído, que são as instituições do Estado, sujeitas à legalidade jurídica, à *rule of law*. (BARROSO, 2012a, p. 1683)

Por isso, importante destacar os limites da separação entre direito e política, uma vez que embora diferentes, é tênue a linha que os separa. Juridicamente, a doutrina contemporânea rechaça o ponto de vista tradicional de que as normas jurídicas devem revelar ao intérprete um único sentido certo e determinado para todas as suas situações de incidência, pois não devem ser desacreditadas a cognição e a vontade enquanto elementos de interpretação e aplicação do direito.

Do ponto de vista operacional, a função de intérprete final e definitivo do direito pelo Poder Judiciário e, sobretudo, da Constituição, em sua última análise, nomeadamente, pelo Supremo Tribunal Federal, revela que conferir o mister de guardião da Constituição e das leis, ou de intérprete último sobre o sentido constitucional ao STF, ao qual devem estar vinculados os demais poderes, significa dizer que se está diante do exercício de um poder político do Poder Judiciário sobre a aplicação e, consequentemente, sobre o sentido vinculante do direito sobre as instituições de Estado. Neste sentido, *"essa supremacia judicial quanto à determinação do que é direito envolve, por evidente, o exercício de um poder político, com todas as implicações para a legitimidade democrática"* (BARROSO, 2012a, p. 1699-1702).

Por conseguinte, a deliberação judicial viabiliza um novo espaço de discussão, a rigor, equilibrada, a fim de controlar os certames políticos que irrompem da defesa de interesses de grupos e da vontade majoritária. O Poder Judiciário, nesse sentido, tem motivado discussões acerca de como dotá-lo de instrumentos capazes de proteger as verdades técnicas e dar força às decisões contramajoritárias com vistas ao fortalecimento dos princípios da democracia e do pluralismo.

É triunfo do constitucionalismo a separação de poderes. No entanto, a separação de poderes, segundo Dallari (2007, p. 221-223), é meramente formalista, pois sempre houve intensa interpenetração, resultado da própria dinâmica de poder e do fato de que o que há é uma intensa divisão de funções e competências do poder estatal uno. Baum (1985, p. 328) propugna que nenhum dos sistemas jurídico-políticos da atualidade é capaz de prevenir choques entre os poderes e nem resultados malquistos.

Tendo em vista que o Brasil adota o modelo norte-americano dos "freios e contrapesos", os órgãos político-administrativos competentes detêm instrumentos de intervenção e controle recíproco sobre os demais, subsistindo tanto funções de prevalência *prima facie* típicas de determinado poder, quanto funções atípicas. Por isso, Gustavo Guerra afirma que:

> O Poder Judiciário não é apenas o poder que se limita a aplicar a lei, 'dizendo o Direito'. De certo, o STF tem poderes interpretativos tão amplos que chegam ao ponto de declarar a existência de *mutações constitucionais*. A primazia do Judiciário surge ao lado da [...] doutrina dos freios e contrapesos, em que se reconhece à função judicial o papel de revisar sob a lente constitucional, os atos dos demais poderes (LEITE, 2012, p. 184).

Nesse diapasão, o debate no tocante à interdependência entre direito e política admite assimilar com menores embaraços as noções sobre fenômenos recentes da vida social, em especial, acerca das discussões sobre a judicialização da política, o ativismo judicial e a perspectiva contemporânea da politização das instâncias judiciárias.

# 3 JUDICIALIZAÇÃO DA POLÍTICA E ATIVISMO JUDICIAL

A capacidade do Poder Judiciário de interferir de maneira mais decisiva na vida política não é absolutamente atual, no entanto ainda exige análise conjuntural do fenômeno da expansão do poder do Judiciário sobre as decisões políticas. Assim, a judicialização seria a "projeção do Judiciário (ou da Administração da Justiça) no âmago de discussões afetas à seara política majoritária" (LEITE, 2012, p. 185).

A judicialização da política é um fenômeno que sintetiza o protagonismo do Judiciário diante dos demais poderes, verificando-se um aumento do poder judicial ante o Poder Legislativo sobre decisões de temas e questões controvertidas de múltiplas temáticas. A expansão decisória das forças judiciais, por conseguinte, promovem a discussão de questões gerais, com prevalência da decisão de um órgão contramajoritário, uma vez que seus membros, embora não eleitos democraticamente, devem prever a proteção das minorias e garantir o fundamento pluralista do Estado Democrático de Direito brasileiro.

Neste panorama, o protagonismo do Poder Judiciário proporcionou o surgimento da judicialização de diversas questões da vida social, alternada com momentos de destaque de fenômeno diferente, o ativismo judicial. A judicialização consiste na transferência do poder decisório das alçadas originárias, nomeadamente, dos Poderes Legislativo e Executivo para o Poder

Judiciário, o qual passa a decidir sobre questões fulcrais da vida política, social ou moral.

Demonstrando que nem sempre é visível a linha que separa a criação e a interpretação do direito, Barroso (2012b, p. 16) descreve a judicialização ampla não como uma opção política do Judiciário, mas como um "fato" ou contingência do desenho institucional brasileiro, construído pela Constituição da República, a qual alimenta este fenômeno fático devido à grande quantidade de temas por ela abordados.

Dentre as principais causas para a judicialização estariam (i) exigência de um Poder Judiciário forte e independente, verificada na América Latina e também na Europa, capaz de proteger, em último grau, os direitos fundamentais arrolados na Lei Maior; (ii) a crise de representatividade e de funcionalidade parlamentar, caracterizado pelo desgaste e desilução com a política majoritária desenvolvida por partidos políticos ideologicamente corrompidos ou simplesmente ineficazes em seus programas e na sua atuação no palco de disputas políticas; (iii) a preferência, pelos atores políticos, de que o Judiciário decida as questões controvertidas substituindo-se às decisões que poderiam ser obtidas nas instâncias tradicionais de poder, que evitam seu desgaste em meio ao desacordo moral; (iv) a constitucionalização abrangente e analítica, que confere à Constituição um enorme número de matérias, numa preferência do constituinte originário em retirar o tema da esfera política para o prisma jurídico; e o (v) elevado número de atores políticos (pessoas ou entidades) legitimados pela Constituição à propositura de ações diretas perante o Supremo Tribunal Federal, devido a um sistema amplo de controle de constitucionalidade, para questionar, em tese, leis e atos normativos das mais diversas naturezas (BARROSO, 2012a, p. 1648-1658).

Descrevem-se, exemplificativamente, como casos ilustrativos da intensa judicialização de diversos temas:

> [...] (i) instituição de contribuição dos inativos na Reforma da Previdência (ADI 3.105-DF); (ii) criação do Conselho Nacional de Justiça na Reforma do Judiciário (ADI 3.367-DF); (iii) pesquisas com células-tronco embrionárias (ADI 3.510-DF); (iv) liberdade de expressão e racismo (HC 82.424-RS — caso Ellwanger); (v) interrupção da gestação de fetos anencefálicos

(ADPF 54/DF); (vi) restrição ao uso de algemas (HC 91.952-SP e Súmula Vinculante n. 11); (vii) demarcação da reserva indígena Raposa Serra do Sol (Pet 3.388-RR); (viii) legitimidade de ações afirmativas e quotas sociais e raciais (ADI 3.330); (ix) vedação ao nepotismo (ADC 12-DF e Súmula 13); (x) não recepção da Lei de Imprensa (ADPF 130-DF). A lista poderia prosseguir indefinidamente, com a identificação de casos de grande visibilidade e repercussão, como a extradição do militante italiano Cesare Battisti (Ext 1.085-Itália e MS 27.875-DF), a questão da importação de pneus usados (ADPF 101-DF) ou da proibição do uso do amianto (ADI 3.937-SP). Merece destaque a realização de diversas audiências públicas, perante o STF, para debater a questão da judicialização de prestações de saúde, notadamente o fornecimento de medicamentos e de tratamentos fora das listas e dos protocolos do Sistema Único de Saúde (SUS). (BARROSO, 2012, p. 1653-1656)

Consoante Tate e Vallinder (1995, p. 4 et. seq.), há características peculiares verificáveis no enleio do fenômeno da judicialização da política, capazes de explicar a expansão do protagonismo do Poder Judiciário, dentre as quais poderiam ser destacadas a ineficácia dos partidos políticos, a delegação voluntária de competências do Legislativo, a presença crescente de grupos de pressão, ausência de políticas públicas sociais, a "transposição de procedimentos judiciais" pelos demais órgãos e a desconfiança na reputação do Poder Legislativo.

Caberia ao constitucionalismo estabelecer os limites e conferir sintonia fina ao debate sobre as indagações acerca da concentração de poder político dos juízes sobre os demais poderes, em momento de invasão do direito nas demais esferas da vida social. Tratar-se-ia, portanto, de discutir se o crescimento do clamor social pelas demandas judiciais decorre de uma postura inercial e desamparada da esfera política.

Destaca-se que uma aproximação mais veemente entre Direito e Política desperta a inevitabilidade de que, nas palavras de Castro (1997) *"os tribunais são chamados a se pronunciar onde o funcionamento do*

*Legislativo e do Executivo se mostram falhos, insuficientes ou insatisfatórios [...]"* (p. 149-151). E acresça-se a importância de incremento de um mecanismo adequado de proteção das minorias e dos direitos individuais e coletivos fundamentais, de maneira a estabelecer um novo ciclo dialógico voltado à superação da regra majoritária e abertura ao controle da omissão dos agentes legiferantes, além de adoção de posturas contramajoritárias, quando suceder atentado contra os princípios constitucionais, em especial, ao princípio democrático.

Noutro sentido, destaca-se o ativismo judicial, enquanto fenômeno potencializador da judicialização da política, na medida em que auxilia no debate acerca de quem teria a última palavra sobre a interpretação constitucional. Esta expressão forjou-se nos Estados Unidos para qualificar a atuação da Suprema Corte norte-americana nos tempos de presidência de Earl Warren, entre os anos de 1954 e 1969, nos quais se conduziu à reforma da políticas públicas pela cadência de uma jurisprudência progressista em matéria de direitos fundamentais, desamparada de atos dos demais poderes constituídos (BARROSO, 2012a, p. 1658-1665).

O ativismo judicial é uma questão de frequência, isto é, quanto maior a frequência de decisões revisoras e modificadoras das decisões dos demais poderes, maior é o ativismo judicial. Outrossim, é uma postura de um magistrado ou órgão colegiado que intenta decidir casos difíceis, extraindo de princípios constitucionais argumentos para sua decisão, em geral, afastando a incidência de regras. Diferentemente da autocontenção judicial, cuja postura deferente ameniza as tensões, que garante previsibilidade e estabilidade ao sistema, o magistrado ativista define políticas públicas, sendo capaz de rejeitar e aperfeiçoar decisões dos Poderes Legislativo e Executivo.

O ativismo judicial é fenômeno diferente da judicialização da política, ou seja, pela natureza diversa, não depende necessariamente da ocorrência desta para se verificar. Representa a atitude pontual de ampliação do papel desempenhado pelo Poder Judiciário, por meio do recurso da interpretação constitucional para sanar omissões do Legislativo, colmatar lacunas ou, ainda mais, estipular a criação ou aperfeiçoamento de políticas públicas. As demandas sociais que não são supridas por outros meios ou pela ação de outros poderes podem requisitar uma atuação judicial mais contundente, capaz de culminar na prolação de decisões ativistas (BARROSO, 2012b, p. 16).

No Brasil, o ativismo judicial verificou-se pela adoção de três campos de posturas. Num primeiro campo ativista, houve a incidência direta do texto constitucional para regulamentação de matérias não dispostas expressamente na Constituição e que não foram tratadas pelo legislador ordinário (fidelidade partidária e vedação ao nepotismo na Administração Pública). Uma segunda postura é aquela desempenhada pela declaração de inconstitucionalidade de atos emanados pelo legislador em critérios flexíveis em comparação ao de violação expressa da Constituição (inexigibilidade de verticalização das coligações partidárias federal, estadual e municipal e a declaração de inconstitucionalidade da cláusula de barreira). E uma terceira postura, atinente a uma ação, por prestação jurisdicional, destinada a impor condutas ou abstenções ao Poder Público, seja por inércia legislativa (aplicação da lei de greve criada inicialmente para aplicação apenas à iniciativa privada ao serviço público, ou o caso da criação de municípios) ou pela insuficiência das políticas públicas na área específica (decisões judiciais voltadas à área da saúde) (BARROSO, 2012a, p. 1660-1662).

A ressignificação da função judicial admite a construção da cidadania pela via judiciária, enquanto arquétipo emergente revigora o alerta da viabilidade de entronização do Judiciário pela vereda do ativismo judicial, como sustenta Gustavo Guerra:

> Na perspectiva em que ativismo dos tribunais é exigência do constitucionalismo contemporâneo, os instrumentos de controle político se tornam frágeis a ponto de serem substituídos pela vontade de fazer democracia dos julgadores. (LEITE, 2012, p. 193).

Ante o exposto, irrompe a problemática de reconhecer qual instituição investida de poder deve ter a última palavra acerca da interpretação constitucional, cuja complexidade revela-se, desde logo, na consideração de mecanismos capacitados à superação de entendimentos constitucionais do Supremo Tribunal Federal pelo Congresso Nacional.

# 4 MODELOS INSTITUCIONAIS DE INTERPRETAÇÃO DA CONSTITUIÇÃO

Teorias com peculiaridades e aplicação verificáveis no contexto político-jurídico brasileiro, ou então, resultantes de constatações empíricas comparadas em âmbito internacional, bem como pelo substantivo levantamento teórico realizado em literatura norte-americana, podem incrementar o debate da questão sobre "quem deve ter a última palavra" sobre a interpretação das normas constitucionais e direitos fundamentais.

Mendes (2011) elenca três horizontes sobre o debate hermenêutico e institucional acerca da interpretação da constituição, quais sejam: supremacia judicial, supremacia parlamentar e diálogos constitucionais.

Em um primeiro momento, consagra a inclinação por juízes e cortes constitucionais, valendo-se de argumentos a favor de juízes e cortes e, ao mesmo tempo, contra legisladores e parlamentos. Esta inclinação é baseada na "presunção de infalibilidade judicial" (MENDES, 2011, p. 30). Logo após, desenvolve a inclinação por legisladores e parlamentos, defrontando-se com argumentos favoráveis a estes, bem como aqueles contrários aos juízes e às cortes. Dispõe-se de dois elementos associativos em democracia, a saber, a regra da maioria e a representação eleitoral. E, por fim, elenca-se a inclinação por ambos, sem última palavra e as implicações sobre a deliberação interinstitucional. As teorias do diálogo constitucional perseguem o caminho da cooperação, em cadeia de contribuições horizontais, cujas *expertises* e contextos decisórios viabilizem a "busca do melhor significado constitucional" (MENDES, 2011, p. 31).

Os tópicos seguintes, à vista disso, correspondem a uma maneira de classificar as teorias da revisão judicial a fim de situar a deliberação e suas condições, especialmente, no âmbito de deliberação interinstitucional, bem como assessorará a avaliação sobre uma perspectiva de complementariedade, mais rica que a excludente, entre o cenário composto pelo diálogo e os modelos orientados sobre a perspectiva da "última palavra".

## 4.1. Supremacia judicial: corte constitucional detentora da última palavra

Em linhas gerais, o modelo de supremacia judicial concentra a palavra final no Poder Judiciário sobre o entendimento da Constituição, o qual padece de respaldo democrático, pois, em regra, os juízes não são eleitos mediante um sistema de sufrágio direto, universal e periódico. Atribui-se, por conseguinte, a autoridade ao Poder Judiciário a fim de definir o sentido da Constituição não apenas em casos concretos, mas do mesmo modo para *"fixar orientação vinculante às autoridades legislativas, judiciais e administrativas e a atores privados em sua futura atuação"* (BRANDÃO, 2012, p. 273-315).

No enleio das teorias da revisão judicial, dificilmente são encontradas sistematizações argumentativas que possam dar maior sustentáculo ao pano de fundo, isto é, de que a corte deve ter a última palavra sobre direitos. Para enfrentar esse sobressalto, os argumentos institucionais serão delineados sistematicamente, lastreados tanto em argumentos mais frequentes quanto em outros de caráter complementar.

A propensão pela supremacia judicial encontra respaldo tanto em argumentos a favor de juízes e cortes como em justificativas contra legisladores e parlamentos.

Em primeiro bloco, este modelo afirma a insuficiência institucional do parlamento, embora considere sua existência assaz indispensável para o ambiente democrático. Nesse sentido, a finalidade desta inclinação é estabelecer que as cortes constitucionais ocupam uma *"posição institucional especial"* (MENDES, 2011, p. 70), sendo que por mais que não sejam identificadas como elementos genuínos da democracia, são compostas por membros não eleitos diretamente pelo povo, mas escolhidos pelos representantes eleitos. Em que pese instabilidade e vitaliciedade dos cargos de juízes, a implicação positiva decorre da não vinculação *"à dinâmica eleitoral e ao ritmo da alternância parlamentar; em razão disso considera-se que estão imunes à prestação de contas e responsabilização política"* (MENDES, 2011, p. 70).

Mendes (2011) elenca argumentos mais frequentes a favor da supremacia judicial, compostos de linhas teóricas complementares. Destacarei, a partir deste momento, alguns destes argumentos e suas breves fundamentações.

A supremacia judicial considera que a corte *"protege as precondições da democracia"* (MENDES, 2011, p. 70), isto significa considerar a revisão judicial como inerente à própria democracia, uma vez que esta não se sustentaria apenas com o parlamento, dependendo para tal de interferências da corte constitucional. Estas interferências poderiam ser tanto procedimentais como substanciais, ou seja, a fim de preservar a competição democrática, ou mais além, permitir avaliação substancial, fundamentada no princípio de justiça, das decisões emanadas pelo parlamento.

Ainda, a corte assegura o processo de formação da vontade democrática, visto que detém margem de correção para proteção da competição política incessante do parlamento, com preservação da igualdade na disputa dos jogos de interesses e o cuidado de evitar os excessos substantivistas.

Do exposto, a corte tem papel de agente externo fiscalizador, protetora de direitos civis e políticos circunscritos à competição política, fundamental à deliberação intrainstitucional e aos processos decisórios, em respeito às minorias excluídas e desprovidas de acautelamento. Nesta linha, John Hart Ely defende que *"court should not act as an elite impediment to what it takes to be the substantive excesses of the politically responsible branches but, on the contrary, as a respecter of the democratic process"* (ELY, 1999, p. 290).

A inclinação por juízes e cortes constitucionais assume que esta protege os direitos fundamentais e o conteúdo de justiça da democracia. Este argumento ganha contornos ainda mais amplos que o anterior, visto que transcende o procedimentalismo e demonstra que a concepção democrática, para além de procedimentos formais igualitários, depende de respeito às condições de legitimidade. Esse argumento equivale, na lição de Dworkin, a considerar a democracia como *"esquema procedimental incompleto"* com persecução do padrão de igual consideração e respeito (DWORKIN, 1996, p. 32), de modo que ao juiz reserva-se também tomar decisões substantivas, pois é intrínseco à própria ideia de democracia.

Em face do argumento anterior, do modelo de supremacia judicial intui-se que a corte protege os direitos das minorias e impede a 'tirania da maioria', discussão clássica e alicerce do papel e legitimidade das teorias da revisão judicial. A justificativa baseia-se na limitação da maioria, cuja finalidade é evitar que se subverta a proteção dos direitos das minorias.

A corte é, além disso, emissária do povo genuíno e operacionaliza o *"pré-comprometimento"* (MENDES, 2011, p. 74). Este argumento justifica-se no controle que a corte constitucional deve exercer sobre o parlamento. Em uma primeira concepção, leva-se em consideração o dualismo constitucional de Ackerman (1984), para o qual a Constituição separa a vida política em dois momentos: (i) política constitucional, com mobilização popular com vistas à tomada de decisões visualizando o senso comum; (ii) política normal, política caracterizada na barganha política e com preponderância dos interesses privados. Assim, a revisão judicial serviria à prestação de contas no momento de política constitucional. No tocante ao pré-comprometimento, trata-se da consciência da possibilidade de a sociedade ser conduzida por paixões e termine por restringir direitos fundamentais, de modo a exigir atuação incisiva da corte.

Em consequência, desenvolveu-se o argumento de que a *"decisão da corte pode ser rejeitada, ao final, por emenda constitucional ou por nova Constituição, poder que continua com o 'povo'"* (MENDES, 2011, p. 75). A insatisfação com o desempenho da corte constitucional permite a utilização de uma válvula de escape por emenda, sem prejuízo de mobilização popular para reformar a constituição ou criar uma nova por meio de revolução constitucional (MENDES, 2011, p. 74-78).

A inclinação, ora tratada, ainda assume argumentos que se circunscrevem no sentido de considerar a supremacia judicial exigência do estado de direito (MENDES, 2011, p. 75), visto que o estado de direito é o governo da razão, das leis, subordinando e limitando o poder político às regras gerais e abstratas. Desse modo, a corte se incumbiria de monitorar a compatibilidade de leis editadas pelo legislador e que sejam dissonantes às normas constitucionais, ditando a última palavra sobre o real significado da Constituição. Outro argumento é o de que a corte é agente externo que julga com imparcialidade, diferentemente do legislador, cujas atribuições rechaçariam o ato de julgar a si mesmo. Delineia-se, na mesma seara descritiva, o fato que de a corte é um *veto inerente à dinâmica da separação de poderes*" (MENDES, 2011, p. 76), pois, conforme Mendes (2011):

> Não é porque o parlamento tem o pedigree democrático, portanto, que ele estará imune à tentação do abuso. Para diminuir esse risco, a separação de poderes cria vetos que reduzem a velocidade do processo decisório. Assim, é saudável que ao parlamento se oponha um contrapeso que ao menos possa combater a "política da histeria transitória" (MENDES, 2011, p. 77).

Em síntese, o modelo de supremacia judicial sai em defesa de juízes e cortes, visto que, estes analisam um caso concreto, submetem-no a uma racionalidade incremental e o insere dentro da sua jurisprudência.

Sob o viés da capacidade institucional, isto significa que a corte possui a *expertise* para decidir o caso concreto, processando a lei criada para regular situações gerais em episódios reais, de modo que há vantagem institucional da corte na melhor proteção dos direitos fundamentais. Nesse sentido, não mais em perspectiva ao caso concreto, mas ao ambiente institucional e estado de espírito necessários, a corte é menos falível em questões de princípio e está mais próxima da resposta certa. A razão seria o isolamento às pressões eleitorais e a *expertise* no trato da dimensão do princípio como função primária e exclusiva.

Segundo a supremacia judicial, por conseguinte, a corte é a única capaz de promover uma representação deliberativa e argumentativa, uma vez que "*se, por um lado, não representa indivíduos particulares, por outro, participa de um processo argumentativo em que as razões de todas as partes potencialmente interessadas são ouvidas*" (MENDES, 2011, p. 81). Ao mesmo tempo, a corte constitucional ganha insígnia de instituição educativa, promotora do debate público, com primazia de argumentos de princípio, em detrimento de barganha política e discussões típicas da competição política; e integra um sistema democrático, não está à margem dele. Isto é, com base em diversos critérios de legitimidade, o governo democrático suscita a corte para promover as mediações institucionais conjuntamente com os componentes do todo, atuando também enquanto mecanismo de distanciamento entre governantes e governados.

Resta evidenciada a negativa da última palavra ao legislador em matéria de direitos fundamentais, em segundo bloco, tanto por problemas da representação eleitoral, como por máculas subjacentes à regra da maioria. À vista disso, na primeira situação, o parlamento *"não seria a encarnação essencial da democracia, mas a conversão de uma instituição que historicamente exerceu outros propósitos"* (MENDES, 2011, p. 83), isto é, ao mesmo tempo em que as eleições permitiram aumento da participação popular, não houve acréscimo de profundidade, pois remanesce a essência oligárquica e elitista, que sempre representou a exclusão e a discriminação.

Além disso, é evidente a sensação de barateamento de direitos fundamentais, pois legisladores são influenciados mais pelas conveniências e incentivos imediatos de eleitores do que por levar direitos a sério. E por fim, a regra da maioria não seria capaz de captar o relevo que a matéria em votação possui para cada membro da sociedade, nem mesmo teria a racionalidade que aparenta, na medida em que pode resultar também em resultados arbitrários a serem perpetrados, por exemplo, por uma "tirania de uma minoria estrategicamente bem posicionada" (SHAPIRO, 2006, p. 12).

## 4.2. Supremacia parlamentar: parlamento detentor da última palavra

O modelo de supremacia parlamentar confere a última palavra na interpretação constitucional para o parlamento, despojando do Poder Judiciário uma ampla participação na construção do sentido das normas jurídicas. Sintetiza Mendes (2011) a fundamentação pela inclinação por legisladores e parlamentos acerca da última palavra sobre direitos por uma gama variada de razões morais e procedimentais:

> Do ponto de vista moral, o parlamento é uma instituição valiosa tanto por representar o povo (e potencializar a dinâmica deliberativa que o distanciamento representativo permite) quanto por dar a cada indivíduo igual importância. Num contexto de desacordo, todos devem ter a igual possibilidade de participar do processo de resolução, em vez de delegar a uma elite. Democracia, de fato, tem precondições, mas elas não se realizam senão pela estratégia institucional de representação e da regra da maioria (MENDES, 2011, p. 103-104).

Isso significa inferir que a supremacia parlamentar considera duas esferas, critérios e razões de legitimidade e a ampla capacidade institucional do parlamento, satisfatória na lida com a linguagem de direitos, pois menos técnica, verborrágica e hermética, de maneira que dilemas morais possam ser arrostados em seu âmago.

Há multiplicidade de argumentos que se amoldam à supremacia parlamentar, sendo conveniente seguir a mesma linha expositiva, isto é, inicialmente, argumentos em favor da supremacia dos parlamentos, e logo após, argumentos contrários à revisão por juízes e cortes constitucionais.

Em defesa à tese contra a revisão judicial evoca-se Waldron (2009), visto que realiza a defesa do parlamento reafirmando o legislador como representante primário institucionalizado da vontade popular majoritária. Contrapondo-se ao argumento núcleo de Dworkin, no *Freedom's Law*, assevera não haver motivos para se pensar que o *judicial review* acarreta melhorias à qualidade e justiça do debate político participativo em uma sociedade. Assim, Waldron afirma tese no sentido de que

> [...] sempre há uma perda para a democracia quando o ponto de vista a respeito das condições democráticas é imposto por uma instituição não-democrática, mesmo que este ponto de vista esteja correto e apresente melhorias à democracia (WALDRON, 2009, p. 269).

Waldron (2006), em texto relativamente recente, admite a falibilidade de cortes e parlamentos, ensejando a admissibilidade de revisão judicial desejável, fraca e condicionada em situações excepcionais. Embora convicto da raiz antidemocrática da revisão judicial, a admite em *"non-core situations"*, isto é, situações atípicas, desprovidas de quatro componentes, dois institucionais e dois culturais, respectivamente, elencados por Mendes (2011): *"instituições democráticas em bom funcionamento, instituições judiciais não representativas em bom funcionamento, compromisso genuíno da maioria da sociedade com a ideia de direitos e um persistente desacordo de boa-fé sobre direitos"* (p. 90-91).

Na ausência de um desses componentes, cria-se uma situação patológica, que dá ensejo ao início de uma justificação plausível para revisão judicial. Admite, por isso, que não é solução ideal para circunstâncias extraordinárias, embora encampe a insígnia de admissível. Para encobrir as lacunas de uma inexistente teoria da representação (MENDES, 2011, p. 91) específica em Waldron (2006), serão enumerados argumentos que se prestam a alicerçar a supremacia parlamentar.

No primeiro bloco, empreende-se a construção argumentativa a favor da representação eleitoral e da regra da maioria, perfazendo panorama diametralmente oposto ao defendido em sede de supremacia judicial.

Não obstante amplo desacordo teórico sobre o significado de representar e sobre os deveres do representante, a supremacia parlamentar agasalha que o parlamento representativo é o mais próximo que se pode chegar do ideal de democracia nos estados modernos, pois é a manifestação do povo, ainda que indireta, em virtude da impossibilidade de reunião em assembleia de todos pela magnitude populacional e extensão geográfica dos estados nacionais, isto é, o argumento assume postura pragmática.

Outro ponto de defesa recai sobre o processo de composição do parlamento representativo, pois estrutura a competição política em bases equitativas, de modo que dá igual direito de qualquer cidadão de votar e ser votado (MENDES, 2011, p. 93). Além disso, a representação significaria um aperfeiçoamento e salto de qualidade à democracia direta, pois confere perspectiva de julgamento e de deliberação no seio da política; e a atividade decisória do parlamento estimula o compromisso, a acomodação de extremos, não a polarização, devido a capacidade institucional do parlamento em obter informações e avaliações dos espectros sobre o objeto de deliberação, além da capacidade de *"considerar a multiplicidade de interesses em jogo, balancear interesses, fazer concessões e compromissos"* (MENDES, 2011, p. 94), lidando com compromissos policêntricos. Em face da regra da maioria, a inclinação por legisladores e parlamentos compreende a esta regra como único princípio de decisão coletiva que respeita o imperativo moral da igualdade:

> A regra da maioria é uma conquista porque permite que esse consentimento resulte da força moral da igualdade. Respeita indivíduos de duas maneiras: leva a sério diferenças de opinião e não os reprime por pensar diferente; e, fundamentalmente, trata-os como iguais (MENDES, 2011, p. 95).

Outrossim, a regra da maioria limita o poder, pois, segundo Shapiro (2006), a estabilidade da democracia também se pauta na existência de ciclos de votação (WALDRON, 2006, p. 15-16), que driblam a probabilidade de uma tirania da maioria, sobretudo, em democracias. E, por fim, as decisões sobre justiça não devem ser sensíveis à intensidade de preferências, que nada tem em comum com o impacto sobre a correção, constituindo-se legítima a decisão substancialmente compatível com o princípio de justiça.

Num segundo bloco, devem ser empreendidos argumentos contra a construção do significado da Constituição por juízes e cortes, perfazendo panorama diametralmente oposto ao defendido em sede de supremacia judicial.

A corte constitucional não é capaz de proteger precondições da democracia, pois não está fora da política. Isso indica que os riscos que emanam da política não podem ser suprimidos pela corte, pois não é agente externo à política e neutro e, em grande parte, os posicionamentos judiciais em questões controversas não solucionam um desacordo. Nessa linha, Mark Tushnet afirma que

> Os juízes não ficam fora de linha por muito tempo com aquilo que os poderes políticos querem, porque são indicados por poderes políticos que agem tendo em mente aquilo que os juízes provavelmente farão quando assumirem

seus cargos (TUSHNET, 2009, p. 233).

Na mesma esteira, para o esquema de supremacia parlamentar a corte não protege direitos das minorias. Este argumento não se sustenta moralmente, pois a maioria pode estar certa e não há arbitrariedade no fato de que a minoria perca frequentemente no parlamento, pode assim ocorrer por desacordos razoáveis entre maioria e minoria, ambas posicionadas como antagônicas, mas compromissadas com questões de direito. Empiricamente, este argumento é inexato, pois uma maioria, ainda que politicamente desordenada, não demora a vencer no jogo político democrático.

Além disso, defende-se que sustentar a *"corte como emissária do poder constituinte e do mecanismo de pré-comprometimento"* (MENDES, 2011, p. 95), é sobrepor um disfarce que encobre um agente político que faz escolhas morais controversas, porque o cariz democrático de uma revisão judicial não advém diretamente de um poder constituinte democrático que a deliberou, admitiu e aprovou.

Em consonância com o recorte desenvolvido no tópico anterior, é incontestável que a corte pode ter sua decisão rejeitada por emenda realizada pelo poder constituinte derivado, ou por uma nova constituição elaborada pelo poder constituinte originário. Essa dificuldade não tem fundamentos, pois em uma democracia o cidadão não se manifesta apenas pelos mecanismos citados acima, mas também através de uma atividade política frequente e constante.

Este modelo não prevê que a revisão judicial é decorrência necessária do Estado de Direito e que deve ter exclusividade na interpretação da Constituição, pois interpretações do parlamento podem prevalecer, sem que a *"qualidade normativa da constituição"* (MENDES, 2011, p. 99) dependa da tutela da corte. Ademais, a corte não é um agente externo que julga com imparcialidade, pois não está fora da política, de maneira que alguém precisa decidir por último. Nenhuma destas instituições, dotadas de autoridade, estão em uma condição de isenção política e de terceiro não interessado, porque as decisões proferidas por elas atingem a todos indistintamente. O valor moral pende ao parlamento, cuja capacidade institucional levaria ao melhor balanceamento de soluções viáveis em casos difíceis.

Não haveria, portanto, razões para que a corte detivesse a última palavra, de maneira que o *judicial review* não é decorrência natural da separação de poderes (MENDES, 2011, p. 95). Mendes

(2011, p. 100) destaca que aderir à concepção favorável do controle de constitucionalidade pela corte provocaria dois efeitos: a distorção da política pública e a debilitação da democracia.

Os defensores da supremacia parlamentar asseveram que o parlamento é mais informado que a corte para a análise de uma vasta gama de casos aptos a instruir a deliberação de uma lei. Assim, a corte não possui descrição minuciosa da generalidade dos casos na análise casuística pontual, que fosse suficiente para assegurar sua plena capacidade no controle de constitucionalidade. No mesmo debate, afirma-se que a corte não é instituição educativa, nem promove um debate público melhor do que o legislador, porque está presa a uma linguagem empobrecida e técnica, amarrada ao jogo adversarial, rígido e binário em questões de princípio, reorientando esforços para a argumentação judicial legalista, técnica e hermética, em detrimento da deliberação sobre os melhores argumentos.

Propugna-se, ainda, a falibilidade da corte em questões de princípio, baseada na crença da capacidade institucional hercúlea dos juízes e de que o isolamento às pressões políticas possa colher tão somente respostas corretas.

No mesmo caminho, sobressai argumento contrário à corte, na medida em que não promove uma representação deliberativa ou argumentativa. Juízes constituiriam uma elite profissional, a exigir a desmistificação da obsessão pelo erro da "*super-racionalidade judicial*" (MENDES, 2011, p. 101).

Por fim, o modelo de supremacia parlamentar encampa como núcleo essencial da discussão que a corte integra um sistema democrático, mas não deve ter a última palavra; e que é composta de membros indicados por autoridades eleitas, mas esta origem remota não é suficiente para demonstrar sua primazia em face do legislador.

Na primeira situação, empresta notória importância à legitimidade democrática. Na segunda, em caráter complementar, dá um cariz quantitativo de proximidade da democracia para afirmar a instituição legitimada para a última palavra. Assim, o parlamento é o legitimado por apresentar cariz democrático de formatação mais acentuado que a corte constitucional.

## 4.3. Diálogos constitucionais: diálogo sem última palavra

Há, todavia, sistemas que buscam evitar os excessos dos outros dois modelos mencionados. A doutrina dos diálogos constitucionais fomenta uma participação e desempenho deliberativo efetivo entre o Legislativo e o Judiciário sobre a interpretação e aplicação das normas constitucionais. Desse modo, afirma Brandão (2012) que:

> [...] a possibilidade de reversão legislativa de decisão constitucional da Suprema Corte permite que se vislumbre o controle de constitucionalidade não como uma barreira intransponível às instituições democráticas, mas como instrumento catalisador de um diálogo entre as instituições políticas sobre a melhor forma de harmonizar as liberdades individuais e os interesses da coletividade (BRANDÃO, 2012, p. 273).

Os diálogos constitucionais, desse modo, assumem a interdependência, o respeito e a igualdade, a fim de denotar uma relação horizontal e não hierárquica (MENDES, 2011, p. 105). Parte-se da premissa básica de que a política necessariamente exige o diálogo, seja formal ou informal, destinado ao funcionamento satisfatório das instituições.

Este modelo prevê novas perspectivas normativas, todavia não garante que as instituições, no enleio da separação de poderes, estejam dialogando de modo cordial e respeitoso, apenas traça novos caminhos para um diálogo sem última palavra, com preocupação central acerca da noção de interação e deliberação entre parlamentos e cortes constitucionais.

As principais experiências constitucionais internacionais que foram produzidas com fundamento no diálogo desenvolvido entre a Corte Constitucional e os demais atores constitucionais são as realizadas no Canadá e na Nova Zelândia (LACOMBE, VIEIRA; BACHA E SILVA, 2017) que, a título exemplificativo, merecem análise mais acurada. Além destas, em menor medida para fins de caracterização neste trabalho, há as fórmulas britânica e israelense de diálogo interorgânico (LINARES, 2008).

A Carta de Direitos e Liberdades do Canadá de 1982 trouxe a primeira experiência dialógica, denominada cláusula *notwithstanding*.

Segundo esta cláusula, expressa, em especial, nos itens 1 e 33 da Carta, só a lei pode restringir os direitos e liberdades, dentro dos limites que sejam razoáveis e cuja justificação possa ser demonstrada no contexto de uma sociedade livre e democrática. Assim, compete ao legislador a restrição de direitos e liberdades, mas desde que respeitados os limites razoáveis e, justificadamente, pelo legislador.

Além disso, o item 33, parágrafo 1, é expresso ao dispor que o Parlamento ou a legislatura de uma província poderá promulgar uma lei onde se declare expressamente que a lei ou uma das suas disposições terá vigor independentemente de qualquer disposição incluída nos artigos 2 ou nos artigos 7 a 15 da Carta. Esta declaração cessará de ter validade cinco anos após ter entrado em vigor ou em uma data anterior especificada na declaração. O parágrafo 3 do item 33 complementa que o Parlamento poderá promulgar novamente a declaração feita ao abrigo do parágrafo 1 (LINARES, 2008, p. 493-498).

Portanto, em outras palavras, prevê a faculdade do legislador (nacional ou provincial) de reeditar um ato tipicamente legislativo (legislação) restritiva de direitos e liberdades que já foi reprovada pelo Poder Judiciário, desde que o faça expressamente. A esta sobreposição, com prazo de validade de cinco anos, a doutrina canadense denomina *overriding* (LINARES, 2008). Afirma Camargo, Vieira e Bacha e Silva (2017) que embora não tivesse tido "*aplicação prática da cláusula notwithstanding, tal previsão reconfigurou as relações institucionais*" (s. p.).

O segundo exemplo clássico de remodelação das interações institucionais de relativa importância é a implementada na Nova Zelândia, contemplada normativamente no *New Zealand Bill of Rights Act*, editado em 1990, que em suas seções 4 e 6 afirma o seguinte:

> *4. Other enactments not affected*
> No court shall, in relation to any enactment (whether passed or made before or after the commencement of this Bill of Rights),—
> (a) hold any provision of the enactment to be impliedly repealed or revoked, or to be in any way invalid or ineffective; or
> (b) decline to apply any provision of the enactment — by reason only that the provision is

> inconsistent with any provision of this Bill of
> Rights.
> *6. Interpretation consistent with Bill of Rights to be*
> *preferred*
> Wherever an enactment can be given a meaning
> that is consistent with the rights and freedoms
> contained in this Bill of Rights, <u>that meaning</u>
> <u>shall be preferred to any other meaning</u>. (grifo
> nosso)

A Carta de Direitos da Nova Zelândia proíbe o Poder Judiciário de recusar-se em aplicar ou invalidar qualquer disposição da lei feita com justificativa e razoabilidade pelo parlamento. Estabelece, ainda, que a interpretação consistente com a Declaração de Direitos deve ser preferida em relação a qualquer outra. Deste modo, sempre que uma intepretação possa ter um significado consistente com os direitos e liberdades do *New Zealand Bill of Rights Act*, esse significado coerente do legislador deve ser preferido sobre qualquer outro (LINARES, 2008).

Não é a presença de disposições expressas nas Cartas de Direitos dos citados países que determinam um arranjo voltado à valorização das relações institucionais. Antes de mais, essas experiências são resultado do "esgotamento do *judicial review*" e da "disposição política para novos modelos de proteção dos direitos fundamentais" (CAMARGO, VIEIRA, BACHA E SILVA, 2017, s. p.), razão pela qual a aplicação das teorias dos diálogos é admissível no Brasil ainda que não contemplada diretamente pelos documentos normativos nacionais.

Linares (2008, p. 233 *apud* Ferreira, 2014) alega que os modelos de diálogos institucionais existentes, como o canadense e o neozelandês, estão distantes da perfeição, na medida em que tem debilidades que os distanciam de sua pretensão democrática. As críticas são deduzidas a partir da apresentação de pretensas soluções para o suprimento do déficit de potencial para engendrar um genuíno diálogo, vale destacar:

> Afirma [...] que o ideal para fomentar o diálogo
> institucional       seria       declarações       de
> incompatibilidade,       mas       com       algumas
> modificações. Primeiramente, acrescentaria a
> necessidade de exigir a justificação pública,

posteriormente colocaria algum dispositivo que obrigue uma comissão legislativa a reexaminar a disposição declarada incompatível, fundamentando a decisão. Pensa-se também na possibilidade de declarar a inconstitucionalidade tão somente das leis não contemporâneas, ao passo que das leis contemporâneas declarar-se-ia tão somente a incompatibilidade.
[...]
Interessante, [...], para o autor seria um sistema em que juízes inferiores decidiriam tão somente a incompatibilidade, ao passo que somente as cortes superiores poderiam declarar a inconstitucionalidade, de modo que os juízes inferiores poderiam servir como um alerta para demonstrar qual tende a ser a interpretação da Suprema Corte. Seria prudente, [...], que a Corte tivesse mecanismos para declarar a inconstitucionalidade da norma após certo prazo. Pensa-se também que a última palavra deverá sempre ficar com o Parlamento. Com isso seria importante o uso da cláusula *override* para fazer prevalecer a sua palavra. Ademais, importante seria justificar a sua autoridade, motivo pelo qual seria importante uma audiência pública, inclusive com direito a voto para a sociedade civil, para justificar e rebater todos os argumentos trazidos pela corte. É de se pensar, [...], que a cláusula *override* tenha efeitos temporais, válidos até a próxima composição do congresso [...] (FERREIRA, 2014, p. 146-148, apud LINARES, 2008, p. 513-526)

As teorias do diálogo visam construir uma terceira via para superar as deficiências da última palavra, de maneira a abrandar a dificuldade contramajoritária. Nos termos da literatura norte-americana, o nascedouro dá-se com pesquisas realizadas por Alexander Bickel, Louis Ficher e Bruce Ackerman:

Bickel, na década de 60, já falava em "colóquio contínuo" (*continuingcolloquy*) e em conversa permanente (*permanentconversation*). Louis Fisher, em publicações das décadas de 70 e 80, já se referia a "diálogos constitucionais". Bruce Ackerman considera essa imagem para pensar a separação de poderes americana, principalmente pela ideia de "dualismo constitucional" (a variação entre momentos de "política normal" e de "política constitucional") (MENDES, 2011, p. 106)

Há grande diversidade de teorias do diálogo, ou na lição de Sebástian Linares *"possibilidades del diálogo interorgânico"* (LINARES, 2008), de maneira que para que seja reconhecida como tal deverá comungar de dois caracteres básicos, descritos por Conrado Mendes, *"a recusa da visão juricêntrica e do monopólio judicial da interpretação da constituição"*; e *"a rejeição da existência de uma última palavra"* (MENDES, 2011, p. 107).

Em geral, os diálogos institucionais permitem uma configuração de intercâmbio argumentativo entre corte e parlamento em pelo menos três fases possíveis: argumento, resposta e réplica (LINARES, 2008, p. 200). Esse modelo de comunicação entre instituições permite que as decisões de juízes constitucionais admitam uma réplica pelos legisladores. Isso daria margem para que os juízes pudessem mudar suas opiniões sobre a questão em debate.

Todavia com a finalidade de limitar o objeto de pesquisa, neste trabalho, a preocupação recai, num primeiro momento, sobre o caráter endógeno, dependente da postura de cada uma das instituições postas em debate e da teoria da decisão judicial que interaja com o legislador, para, após, tratar acerca do aspecto exógeno, calcado no diálogo como essencial à separação de poderes depende de uma análise detida do desenho institucional e das razões positivas e normativas, menos vinculado à postura das instituições. Enquanto o primeiro exige a compreensão das instituições de seus papéis e capacidades, a segunda não exige disposição, *prima facie*, ao diálogo, mas de uma proposição procedimental e formal que emana das disposições constitucionais, debate encontrado na literatura americana (na interpretação coordenada e na teoria do diálogo de Barry Friedman) e canadense (principalmente em Peter Hogg e Alison Bushell, com o diálogo como *"sequência legislativa"*) (MENDES, 2011, p. 150).

Em sede do diálogo visto na perspectiva endógena, isto é, no recôndito da decisão judicial, emergem diferentes graus de sensibilidade e intensidade às atuações das cortes, de modo que enquanto alguns autores defendem uma virtude mais passiva, minimalista e deferente da corte, outros se debruçam sobre uma interferência ativa e maximalista.

Em um primeiro momento, serão abordados os principais posicionamentos teóricos passivos e minimalistas, em especial, de Alexander Bickel e de Cass Sunstein; em seguida, a explanação recairá sobre as teorias dialógicas defensoras de interferência ativa e maximalista de uma decisão judicial, sobretudo, de Neal Kumar Katyal, Erik Luna e Alec Stone-Sweet.

Alexander Bickel empreendeu estudos sobre a teoria constitucional contemporânea na década de 60, em meio a turbulências sociais nos Estados Unidos. Período no qual a Suprema Corte assumia um amplo papel de protagonista de mudanças sociais. Bickel esforçou-se em justificar o ativismo judicial e o papel da Suprema Corte com enfoque no controle de constitucionalidade e não na tradicional referência à interpretação e aplicação do direito positivo. Nesses moldes, Bickel assume o diálogo ao firmar a concepção de que a corte é e deve ser influenciada por fatores externos ao direito, dentre os quais, a política. Assim, galga o juízo político:

> O juízo político que Bickel tem em mente, porém, não é associado ao impulso, ao sentimento, à predileção ideológica. Continua a ser informado por uma vontade desinteressada e isenta. Consiste num juízo qualificado pela virtude da prudência e é, sobretudo no exercício da prudência, que a corte se comporta como "animal político" (MENDES, 2011, p. 109).

Segundo Bickel, o papel primordial da corte constitucional é a proteção da dimensão de princípio da decisão política e não necessariamente da dimensão de conveniência e oportunidade. Enquanto a primeira recai sobre valores morais rígidos que regulam a política e as relações sociais, a segunda é flexível e requer compromisso e o pragmatismo de se perceber o exequível, portanto, aberto a concessões. A defesa da dimensão de princípio decorre da maior capacidade institucional da corte de lidar com abstrações morais e valorativas, visto que lida rotineiramente com casos concretos sobre os quais deve pronunciar-se sobre princípios.

A fim de oportunizar a arte do compromisso, Bickel propugna que a corte, além de dispor do poder binário de (a) revogar uma lei inconstitucional e (b) validar e legitimar lei constitucional pode (c) decidir não decidir. Para tal, vale-se de uma gama de "*técnicas de decisão, as chamadas virtudes passivas. São ferramentas processuais por meio das quais a corte evita emitir sua opinião sobre o caso*" (MENDES, 2011, p. 111).

Para Bickel, a corte tem uma missão educativa, como agente primário da cidadania, que ao optar por não decidir estimula um colóquio socrático, com foco no amadurecimento, tanto com diálogo entre os poderes, como naquele estabelecido com a sociedade. A ideia complementar leva a considerar que a pressão proporcionada pela virtude passiva do diálogo é mais eficiente que a originada por coação do Judiciário, como segue a discussão de Mendes (2011):

> A corte deve ter a sabedoria para deixar o colóquio decantar novos valores, e decidir somente quando a solução pareça uma decorrência natural desse processo. O princípio, nesse sentido, é um guia valorativo que se desenvolve pelo diálogo, não pela imposição unilateral. Por meio dele, a corte abre a oportunidade da "reprise legislativa" (MENDES, 2011, p. 113).

Bickel (1962) desenvolve esse ideia, sob a mesma perspectiva de Conrado Hübner Mendes:

> Principle may be an universal guide, not an universal constraint, that leeway is provided to expediency along the path to, and alongside the path of, principle, and, finally, that principle is evolved conversationally nor perfected unilaterally (BICKEL, 1962, p. 244)[1].

---

[1] A despeito do original, o trecho pode ser traduzido, observando-se com fidelidade a concepção emanada de seus termos como: "O princípio pode ser um guia universal, não um constrangimento universal, que a margem de manobra é proporcionada à conveniência, ao longo e ao lado, do princípio, e, finalmente, esse

Como a corte tão somente decide casos com base em princípio, as virtudes passivas cultivadas por uma corte cautelosa e menos ativa viabilizam a consideração de que a solução de compromissos é não decidir, pois se gradua o exercício do erro e da tentativa. Não responder às questões complexas aquecidas significa, para Bickel, deixá-las ao debate público.

Bickel (1962) não deixa de esclarecer quando se deve decidir ou não uma questão de princípio. Enumera Conrado Mendes que os critérios são: (i) quando a corte possui *expertise sui generis* para a causa; (ii) quando há informação e conhecimento satisfatoriamente confiáveis para decidir; (iii) quando o protagonismo político é demandado como essencial. A decisão binária de constitucionalidade ou inconstitucionalidade subordina-se ao juízo prospectivo político e de oportunidade da corte, que decide uma vez esgotado o diálogo possível. Quando dotada do estado de espírito da sociedade, por intermédio do parlamento, e do exercício da prudência *"a corte opera como um profeta, um líder de opinião que aponta para o futuro. Não é apenas alguém que espelha e registra as opiniões presentes"* (MENDES, 2011, p. 115). Em resumo, para Bickel:

> A corte é, com todas as qualificações que o afastam de Dworkin, um fórum de princípio. Mas, antes, tem que exercer sabedoria prática por meio das virtudes passivas. Não confia na legitimidade automática das grandes ousadias de ativismo judicial, que avocam o leme da história e definem a direção do progresso. O enraizamento de um princípio na sociedade não é tarefa da corte sozinha. Bickel quer saber como a corte, sem uma atitude imperial e monopolística, pode insuflar na política a dimensão de princípio, da visão de longo prazo (MENDES, 2011, p. 118).

Os planos do direito e da política em Bickel são vistos como conjunto de regras dinâmicas, que prezam por evitar choques e polarizações. A corte não pode carregar sozinha o fardo do progresso. Além da preocupação com a *"dificuldade contramajoritária"*, este autor baixa os olhos para o ideal de Judiciário que estimule o

---

princípio é evoluído de forma conversacional ou aperfeiçoado unilateralmente".

diálogo com o parlamento, cujas decisões sejam provisórias. Assevera Bickel que *"and so what one means by the ultimate, final judgment of the Court is quite frequently a judgment ultimate and final for a generations or two"* (BICKEL, 1962, p. 199).

Sunstein (2001) aprimorou diversos argumentos de Bickel (1962), enfrentando questionamentos sobre o impacto da prudência no espectro jurídico, a idoneidade de se criar o debate público ao mesmo tempo em que as virtudes passivas da corte produzem silêncio e como manter a expectativa de que um caso não decidido se mantenha em discussão pela opinião pública com intuito de amadurecer.

Em vista disso, Sunstein (2001) desenvolveu sua teoria da revisão judicial, denominada de minimalismo, que veio acompanhada de outros refinamentos, sobretudo, no tocante às relativizações feitas em favor do maximalismo. Sunstein descreve o minimalismo como *"a prática de dizer não mais do que o necessário para justificar o resultado, e deixar o máximo possível não decidido"* (SUNSTEIN, 2001, p. 3). Ao amenizar o ponto frágil em Bickel, a acepção é de que a corte deve decidir o mínimo possível, no enleio da escolha binária entre invalidar ou validar, legitimar ou deslegitimar com base em discussão de princípio.

Conforme Sunstein (2005), a corte deve preocupar-se com uma fundamentação comedida, porém sem que a decisão não solucione o caso. Isso equivale a deixar questões em aberto, sem esgotá-las. No seio da preocupação com a democracia deliberativa, a decisão minimalista visa reduzir os riscos da decisão judicial errada e os custos da ambição de se encontrar a decisão certa. O minimalismo preocupa-se em produzir acordos teóricos incompletos e, mesmo tempo, deixar coisas sem decisão valendo-se do uso construtivo do silêncio (SUNSTEIN, 2005, p. 5). Sob essa perspectiva, Silva (2008) leciona que:

> O minimalismo defende um "uso construtivo do silêncio", pois os juízes, não raramente, utilizam-no motivados por razões pragmáticas, estratégicas ou democráticas. Além disso, certas formas de minimalismo podem promover o debate democrático, assim como a mobilização e participação dos atores políticos eleitos democraticamente, ao deixarem questões

controversas e complexas abertas ao experimentalismo democrático e à participação dos atores políticos no parlamento e na sociedade civil. (SILVA, 2008, p. 116)

Em face do minimalismo, os juízes decidem pouco e escolhem o que deveria permanecer não dito. É uma forma de autocontenção que deixa questões relevantes não decididas. Sunstein afirma que os minimalistas preocupam-se em analisar o caso concreto, com a convicção de suas limitações e dos efeitos das decisões. Com isso, o minimalismo deixa à posteridade discussões e debates próprios da democracia deliberativa e do diálogo, com vistas a reduzir o ônus da decisão, cujos erros tornam-se menos frequentes e danosos.

Sunstein (2001) propugna o minimalismo sobre critérios formais e substanciais. Estes baseados na prática de elementos constitucionais essenciais, entendidos como o agregado de direitos albergados pela Constituição; e aqueles, como a conduta de deixar questões em aberto e persecução de acordos teóricos incompletos, cujo objetivo é produzir decisões estreitas, quanto ao número de casos avaliados, e rasas, em nível de abstração e profundidade. Segundo o autor, a formação e desenvolvimento de uma sociedade pluralista estão vinculados a esta técnica de redução do desacordo, uma vez que o minimalismo judicial consigna um: "*[...] objetivo crucial do sistema político: torna possível que pessoas concordem quando o acordo é necessário, e torna desnecessário que pessoas concordem quando o acordo é impossível*" (SUNSTEIN, 2001, p. 14).

Em síntese, o juiz deve minimizar a transcendência e abstração do caso concreto, sem desacatar o dever de fundamentação da decisão judicial. Sunstein (2001), para além do minimalismo, lida com o maximalismo, diametralmente oposto àquele. Isso se justifica pela relativização do minimalismo em prol do maximalismo em casos específicos, quando: (a) houver elevada confiança no mérito da decisão; (b) solução possa reduzir o custo da incerteza para casos futuros; (c) o planejamento se fizer importante; (d) estiverem em jogo precondições da democracia (SUNSTEIN, 2001, p. 57). Ressalte-se que o autor mantém presunção em favor do minimalismo:

These points show that no defense of minimalismo should be unqualified. Sometimes minimalism is a blunder; sometimes it creates

> unfairness. Whether minimalism makes sense cannot be decided in the abstract; everything dependd on context, proeminently including assessments of comparative institutional competence[2]. (SUNSTEIN, 2001, p. 262)

Depreende-se que o minimalismo e o maximalismo são legítimos e adequados conforme avaliação do contexto, isto é, do caso concreto e a escolha por uma delas depende de uma avaliação da capacidade institucional da corte constitucional em face do legislador.

Num segundo bloco, cumpre salientar as teorias dialógicas defensoras de interferência ativa e maximalista de uma decisão judicial, sobretudo, de Katyal, Erik Luna e Alec Stone-Sweet.

Katyal explora método oposto ao utilizado por Bickel e por Sunstein, embora mantenha o denominador comum da corte como promotora do diálogo via atitude prudente. Ao invés do minimalismo e do silêncio da corte constitucional, Katyal vê maior desempenho deliberativo no papel de aconselhamento da corte, que expede recados com suas decisões. Assim, em lugar de impor posicionamentos aos demais poderes, a corte tão somente recomenda um posicionamento, de modo que há maior postura proativa (MENDES, 2011. p. 125), em detrimento do silêncio e inação das virtudes passivas.

Os juízes atuam como conselheiros e proporcionam uma segunda chance ao parlamento. Por Katyal, o aconselhamento ocorre em todas as instâncias, seja na validação, na invalidação ou no uso das virtudes passivas, e constitui ajustamento em virtude do temor de decisões amplas e de alto grau interventivo. Em resumo, Conrado Mendes destaca:

> Uma tradição aberta de aconselhamento, segundo Katyal, minimizaria a chance de trocas de bastidores, reforçaria a legitimidade da corte e encorajaria a honestidade judicial (*judicial condor*) (MENDES, 2011, p. 126).

---

[2] Cass Sunstein assevera, em vernáculo, que: *"Esses pontos mostram que nenhuma defesa do minimalismo deve ser desqualificada. Às vezes, o minimalismo é um erro; às vezes cria injustiça. Se o minimalismo faz sentido não pode ser decidido no resumo; tudo dependia do contexto, proeminentemente incluindo avaliações de competência institucional comparativa".*

Trata-se do resgate de uma tradição de cooperação e coesão entre os poderes em uma democracia, irrompendo com o usual modelo judicial adversarial. O diálogo é promovido pelo conselho, pois se dispõe a evitar os extremos, entre a rivalidade e a deferência.

No mesmo sentido colabora Erik Luna, que defende o uso de técnicas suaves, menos agressivas para exortar uma resposta do parlamento ante uma invalidação judicial. A corte constitucional teria a função de apresentar os caminhos constitucionais legítimos ao legislador para superar a inconstitucionalidade.

Mendes (2011) defende a técnica da proporcionalidade como *"forte de exercício de virtudes ativas"* (p. 127) e no quadro de instrumento das teorias do diálogo, pois proporciona flexibilidade e abertura suficientes para o parlamento. A proporcionalidade, em exame, é estrutura de análise racional sobre a validade de limitações a direitos fundamentais inseridos no bojo da Constituição. Para que a proporcionalidade se consagre em face de uma lei, é essencial que cumpra os testes de: (i) legitimidade e adequação, se os fins são constitucionalmente aceitos e os meios são proporcionais ao fim; (ii) necessidade, se os meios são os necessários e menos gravosos possíveis; e (iii) teste de proporcionalidade em sentido estrito, se há prevalência de um direito fundamental sobre outro. Caso a lei não se adeque a qualquer dos testes, deverá ser declarada inconstitucional.

Alec Stone-Sweet leciona que esse exame de proporcionalidade é um parâmetro de perfeição e melhor técnica no Estado de Direito, sendo balanceamento e racionalização que faz escolhas morais e políticas. Além disso, assegura que é instrumento de diálogo, visto que

> [...] nos contextos em que essa técnica impregnou o discurso jurídico de modo bem-sucedido, o judiciário induz os outros poderes a pensar nos seus próprios papéis em termos de proporcionalidade. Cria, portanto, uma linguagem comum pelo qual os poderes podem se comunicar e, inclusive, esforçar-se para persuadir a corte pela validade de seus atos (MENDES, 2011, p. 128).

Por conseguinte, os autores apresentados defendem a possibilidade do diálogo, supondo que a corte pode escolher ou não despertá-lo e determinar a forma como irá ocorrer. Nesta separação entre uma atitude mais passiva e outra ativa e interventiva da corte, parece expor uma divisão binária entre ativismo e autocontenção. Esta relacionada ao diálogo e aquele com a supremacia judicial. Ainda, por Sunstein, fica claro que uma corte minimalista favorece o diálogo, enquanto o maximalismo impõe a supremacia judicial (MENDES, 2011).

# 5 DESENHO INSTITUCIONAL BRASILEIRO: DIÁLOGO INTERINSTITUCIONAL

Num exercício de direito comparado, o magistério de Barroso (2012b, p. 33) destaca que a projeção da justiça constitucional sobre a álea da política majoritária, a rigor, ocupada nomeadamente pelos Poderes Executivo e Legislativo, foram notados nos Estados Unidos (decisão da Suprema Corte sobre as eleições americanas de 2000), em Israel (julgamento da Suprema Corte sobre a construção do muro entre Israel e o lindeiro Território Palestino) e na França (decisão do Conselho Constitucional que reforçou a proibição do uso de burca).

Não se deve olvidar que o caso brasileiro, apesar de peculiar pela extensão e pelo volume de situações que evidenciam os fenômenos analisados em pormenor neste trabalho, como os de judicialização da política e das relações sociais e do ativismo judicial, não é ocorrência isolada no cenário mundial.

Estes contornos de décadas, em especial na última década, demonstram que o Poder Judiciário, sobretudo, o Supremo Tribunal Federal, ganhou espaço político e social e passou a atrair os olhares da sociedade, que passaram a reconhecê-lo, com o auxílio dos julgamentos televisionados por canal de transmissão próprio, como bastião e último expediente de luta pela garantia de direitos fundamentais, como nos casos emblemáticos de julgados das pesquisas com células tronco embrionárias (2008), vedação ao nepotismo (2009), parâmetros de demarcação de terras indígenas, uniões homoafetivas (2011) e interrupção de gestação de fetos anencefálicos (2012) (BARROSO, 2012b, p. 33).

Com isso, a expansão política e social do Judiciário brasileiro é notória, de modo a proporcionar um desenho institucional compreendido por aspectos positivos e negativos, os quais se analisam pela confrontação do padrão teórico e da pragmática.

Em teoria, uma das principais críticas do atual modelo expansionista verificado no Brasil é a falta de legitimidade democrática dos magistrados brasileiros, que não são eleitos e, por isso, não deveriam possuir tamanho poder para fazer frente à vontade emanada pelos representantes do povo. Ademais, ideologicamente, o Judiciário seria um espaço conservador de enfrentamento de elites políticas e sociais contra as vontades majoritárias; e relativamente à capacidade institucional, o Judiciário é incapaz de equacionar os efeitos e repercussões de decisões sobre políticas públicas que são tomadas em análise de casos concretos e, portanto, mais específicos.

Apesar de compreender estas críticas e entrevê-las com prudência, Barroso (2012b, p. 34-36) as rebate, por compreender que a conjuntura judiciária brasileira está construída, a rigor, na demonstração clara de que tratar sobre a democracia não é apenas filiar-se à vontade de maiorias ou minorias, mas alterar o foco para baixar os olhos ao enfoque da preservação dos direitos fundamentais. Outrossim, destaca que, ideologicamente, o Supremo Tribunal Federal, muitas vezes, releva posição mais à esquerda ou protetiva dos direitos de sujeitos mais desamparados socialmente do que se poderia supor. Institucionalmente, o autor propala que os magistrados deveriam adotar uma postura deferente e de autocontenção aos demais poderes em determinadas situações tecnicamente complexas. Entretanto, preocupa a intensidade da judicialização das questões sociais, na medida em que, não pode ser fator limitador ou de substituição da política tradicional, nem ser fonte habitual de resolução de lides. Apenas demonstra que o Judiciário ganhou espaço e, portanto, é chamado a interferir na rotina social pelo falhanço da política.

Insta salientar a importância da opinião pública como fator de expansão do papel do Supremo Tribunal Federal. Aludir à opinião pública e à sua relação com o Judiciário no Brasil exige austeridade, pois envolve detalhes sobrepostos em um manto de divergências doutrinárias. Barroso (2012a) sustenta que "*a opinião pública é um fator extrajurídico relevante no processo de tomada de decisões por juízes e tribunais. Nem sempre é singela a tarefa de captá-la com fidelidade"* (p. 1768).

Outrora, o afastamento entre a Corte e o sujeito de direito era virtude caracterizadora do papel desempenhado pelo tribunal, de modo que a distância entre eles era compreendida como saudável à tecnicidade e imparcialidade das decisões judiciais. Porém, atualmente, tem-se defendido que a legitimidade da Corte transita pela capacidade, não apenas de cumprir às tradicionais tecnicidade e imparcialidade exigíveis ao provimento jurisdicional, como também de harmonizar-se com o sentimento social dos jurisdicionados. Esta intrincada sutileza de reunir duas perspectivas, num primeiro momento visualizadas de forma polarizada, é um dos desafios da nova jurisdição constitucional brasileira (BARROSO, 2012a, p. 1761-1768).

A opinião de Barroso (2012a) deve ser analisada sistematicamente à sua obra, de modo que a assertiva quer destacar que embora o Judiciário não possa ser vassalo da opinião pública, deve ser transparente e prestar contas à sociedade. Isso porque o Judiciário, com enfoque no ponto explorado pelo trabalho, o Supremo Tribunal Federal, depende de confiança, respeito, adesão e aceitação da sociedade, assim como qualquer autoridade que não atue pelo ímpeto da força. Quer dizer, que o STF deve ser transparente, mas sem descurar que *"a decisão correta e justa, muitas vezes, não é a mais popular e o populismo judicial é tão ruim quanto qualquer outro"* (BARROSO, 2012, p. 1766-1767).

O estado de coisas institucional brasileiro é corroborado pela alta complexidade dos fatos contemporâneos, que não são acompanhados na mesma sintonia de seu surgimento pelo direito, bem como o resultado prático auferido, qual seja, em muitos casos, a percepção de que há uma criação judicial do direito pelo Judiciário.

O pluralismo da contemporaneidade somado à referida ampliação dos espaços e da discricionariedade pelos juízes e tribunais, sobretudo, o Supremo Tribunal Federal no Brasil, provocou, na concepção de Barroso (2012b, p. 36-37), a inevitabilidade de que em determinadas situações o magistrado não conseguisse se limitar ou aplicar uma lei existente, posto que absolutamente insuficiente para atender ao caso concreto.

Nesta ocasião, em múltiplas oportunidades, a Corte Constitucional executa atividade criativa, de perfil mais político e menos técnico, ao se deparar com a colisão de normas constitucionais, cujo resultado deve ser construído pelo tribunal, num exercício hermenêutico de ponderação de interesses e criação argumentativa para o caso concreto em questão. Obviamente que deverão ser guardados todos os cuidados, posto que a inexigibilidade de que o legislador venha a prever todas as situações conflituosas, a alta complexidade dos casos e os efeitos *erga omnes* resultantes de decisões proferidas em ações diretas no âmbito do controle concentrado de constitucionalidade, outorgam a tônica das responsabilidades jurídica, política e social agravadas da prestação jurisdicional oferecida pelo Supremo Tribunal Federal. Por isso, a despeito das críticas da redução da previsibilidade, objetividade e, em longo prazo, da segurança jurídica, e do aumento do poder do juiz ou tribunal proporcionado por uma decisão de cariz mais criativo, a realidade brasileira não pode ser deixada de lado: "*o problema brasileiro atual não é o excesso de judicialização, mas escassez de boa política*" (BARROSO, 2012b, p. 36).

Desta assertiva de Barroso (2012b), extrai-se a mensagem da essência do momento político atual no país, caracterizado pela falta de credibilidade e dignidade de atores políticos democraticamente eleitos. Não obstante todas as críticas e incursões sobre esta constatação, o que se impõe é que o Supremo Tribunal Federal, permanecendo com sua atribuição constitucional e com a confissão de que em diversas situações assume postura criativa do direito, além de resgatar seu papel contramajoritário, impondo limites às maiorias, atua mais acentuadamente no campo da representação, reavendo ou mesmo executando políticas públicas não concretizadas pelos atores primariamente responsáveis.

Por conseguinte, sob o aspecto procedimental e jurídico-formal, parece ser patente que, no Brasil, o modelo predominante é o de supremacia judicial, pois o Judiciário, notadamente o Supremo Tribunal Federal, detém a última palavra sobre a aplicação e interpretação de matérias constitucionais, sobretudo, as que versam sobre os direitos fundamentais, previstos, em grande medida, nos artigos 5º a 16 da Constituição da República.

Tal argumento assevera-se justificável em casos de notória relevância, citem-se quando o Supremo declarou juridicamente possível a união estável entre pessoas do mesmo sexo[3] e sobre a

---

[3] BRASIL. Supremo Tribunal Federal. Tribunal Pleno. *Arguição de Descumprimento de*

possibilidade de se realizar o aborto de fetos anencefálicos[4]. Em outras situações, mais severas, o Supremo Tribunal Federal avocou ou suprimiu competências de outros poderes, como o entendimento proferido no Mandado de Injunção n.º 712[5] (mesmo entendimento foi seguido pelo STF nos MIs 670 e 708), sobre o cabimento de aplicar, aos servidores públicos, a lei de greve da iniciativa privada (Lei 7.783/89), tendo em vista a ausência de regulamentação do direito de greve daqueles.

O desempenho deliberativo é, pois, a medida necessária para construir um modelo de separação de poderes com amplo potencial epistêmico. Em vista desse desafio, que além de descritivo ganha contornos normativos, são colocadas em xeque características pacíficas no bojo do constitucionalismo brasileiro, em especial, aquelas relacionadas a aceitar o Supremo Tribunal Federal como guardião da Constituição e, por isso, detentor da última palavra sobre direitos (MENDES, 2011).

A priori restam mal compreendidos os contornos do diálogo e as vantagens para a interação interinstitucional. Em sintonia com a perspectiva da separação de poderes, a interação decorrente de deliberação retira o protagonismo do Supremo Tribunal Federal e permite que o parlamento o desafie constantemente. Todavia, isto não representa impeditivos ao caminho inverso, isto é, de legitimidade para o ativismo em certas circunstâncias de inércia legislativa. Assumir o STF como guardião da Constituição sem levar em consideração outros parâmetros e critérios, produz vícios que se

---

*Preceito Fundamental nº 132 Rio de Janeiro*, Requerente: Governador do Estado do Rio de Janeiro. Relator: Ministro Ayres Britto. Brasília, DF, 05 de maio de 2011, *Diário do Judiciário Eletrônico*. Brasília: DJE, 14 out. 2011, n. 198.

[4] BRASIL. Supremo Tribunal Federal. Tribunal Pleno. *Arguição de Descumprimento de Preceito Fundamental nº 54 Distrito Federal*, Arguente: Confederação Nacional dos Trabalhadores na Saúde – CNTS. Relator: Ministro Marco Aurélio. Brasília, DF, 14 de abril de 2012. *Diário do Judiciário Eletrônico*. Brasília: DJE, 30 abr. 2013, n. 80.

[5] BRASIL. Supremo Tribunal Federal. Tribunal Pleno. *Ação Direta de Inconstitucionalidade n.º 2240 Bahia*, Requerente: Partido dos Trabalhadores – PT, Requerido: Governador do Estado da Bahia. Relator: Ministro Eros Grau. Brasília, DF, 09 de maio de 2007. *Diário do Judiciário Eletrônico*. Brasília: DJE, 03 ago. 2007, n. 72; e BRASIL. Supremo Tribunal Federal. Tribunal Pleno. *Mandado de Injunção nº 712 Pará*, Requerente: Sindicato dos Trabalhadores do Poder Judiciário do Estado do Pará – SINJEP, Requerido: Congresso Nacional. Relator: Ministro Eros Grau. Brasília, DF, 25 de outubro de 2007, *Diário do Judiciário Eletrônico*. Brasília: DJE, 31 out. 2008, n. 206.

perfazem em incompatibilidades com o desempenho deliberativo e, ainda, empiricamente, *"produz uma mistificação e atribui à corte um ônus extremamente pesado que ela não é capaz de carregar"* (MENDES, 2011, p. 214).

Em que pese a preferência por um tribunal que aprimore o desempenho deliberativo, a fim de dar bom funcionamento a suas atividades e criar condições políticas satisfatórias para intervir com vistas ao melhor argumento, isto não significa que deva elevar a retórica, pois o intuito volta-se à construção do significado da Constituição e compreensão de que o desafio ao legislador não é um jogo de vencedores ou perdedores, mas antes uma construção democrática pela promoção dos direitos fundamentais.

O diálogo interinstitucional brasileiro está calcado, antes de qualquer coisa, em uma construção formal e procedimental. A Constituição Federal de 1988 desenhou um sistema de última palavra provisória, concedida ao Supremo Tribunal Federal tanto para controle de leis, como de emendas constitucionais, no intuito de refrear a política eleitoral ordinária e ponderar os limites e desmandos do poder quando cláusulas pétreas são extrapoladas (MENDES, 2011).

O desenho institucional brasileiro, em termos especulativos e artificiais, deve ser interpretado de maneira a reservar ao STF amplo poder em rodadas deliberativas, atribuindo-lhe o *"direito ao erro por último"* (MENDES, 2011, p. 216). Nesse diapasão, transpondo argumentos da literatura norte-americana, Mark Tushnet revela que, em vista da construção positiva do Estado, o processo democrático torna inevitável a escolha imediata de uma instituição detentora da palavra final, ainda que provisória:

> Se a positivação significa que alguma instituição terá a palavra final, ao menos no curto prazo, sobre o conteúdo de direitos positivados, a escolha dessa instituição, dentre as interpretações alternativas razoáveis, prevalecerá, mesmo que um processo democrático possa ter selecionado uma política que, de acordo com alguma outra interpretação, seja consistente com o direito positivado. E às vezes o curto prazo pode importar, por exemplo, quando uma coalizão política implementa uma política e depois perde

poder por razões não relacionadas com essa política (TUSHNET, 2009, p. 236).

As críticas ao desenho institucional brasileiro são interpostas para atentar à insensibilidade sobre as reais negociações políticas irrompidas entre os poderes, pois a descrição formal pressuporia uma interação adversarial que induz à polarização e *"desacordos e enfrentamentos totais entre STF e legislador"* (MENDES, 2011, p. 216), em detrimento do desempenho dialógico interinstitucional saudável.

Esse desenho, pelo qual o Judiciário tem se transformado em tutor da Constituição em virtude do controle de constitucionalidade e em que as emendas constitucionais caminham para perda de força por conta de mutação constitucional, repercute na percepção de juristas e do povo brasileiro em geral, o Parlamento brasileiro caminha para ser tido como desnecessário e é compreendido, especialmente pelos juristas, como instituição que macula a Constituição da República ou ainda como apêndice da democracia (BIGONHA; MOREIRA, 2009, p. 1-8).

Por isso, a compreensão sobre o diálogo institucional brasileiro exige uma leitura transcendente às considerações de desenho procedimental consagradas no texto constitucional brasileiro, uma vez que restringe o campo de definições para determinar tão somente o arranjo de mediações, sem regular argumentos ou estratégias de fortalecimento do melhor argumento. Assim, discorre Mendes (2011):

> A mentalidade política que opera a interação institucional brasileira é dominada por uma "retórica do guardião entrincheirado". Atribui ao tribunal, ao menos no discurso, uma missão salvacionista na proteção de direitos e da reserva de justiça da democracia. A armadura procedimental da Constituição possibilita diferentes tipos de interação, uns mais, outros menos legítimos [...]. A "retórica do guardião entrincheirado", porém, incentiva um tipo distante do ideal do diálogo [...]. (MENDES, 2011, p. 217)

A defesa da corte como guardiã da última palavra, ou do judiciário como *"última trincheira do cidadão"*[6] sob o pretexto de preservar a supremacia da Constituição rejeita a participação legítima e democrática do legislador e prejudica a assertiva de erro e acerto nas decisões.

A justificativa deve-se à construção de uma cultura de guardião dotado da presunção de infalibilidade judicial, desprezando o erro e os custos da decisão. Como dito, o desafio não é posto como ruim, logo, não haveria de se desqualificá-lo, pois *"se o STF erra, o legislador, em princípio, teria a legitimidade para enfrentá-lo"* (MENDES, 2011, p. 219).

Logo, a construção majoritária caminha no sentido de considerar o Supremo Tribunal Federal como guardião e detentor da última palavra sobre o significado da Constituição, com ônus pesado sobre suas incumbências e com desperdício do potencial positivo que o desempenho deliberativo apresenta ao lidar com a interação eficiente entre os poderes e suas capacidades institucionais, que transcendem meras técnicas hermenêuticas.

---

[6] Ver "Para Marco Aurélio, reforma só com revolução". *O Estado de S. Paulo*, Caderno Nacional, 15-1-2003.

# 6 QUADRO EMPÍRICO DE INTERAÇÕES INTERINSTITUCIONAIS E TENSÕES NO SISTEMA DE FREIOS E CONTRAPESOS: PROPOSTA DE EMENDA À CONSTITUIÇÃO Nº 33/2011

Ao conceber a expressão *"dificuldade contramajoritária"* no enleio da teoria constitucional contemporânea, Alexander Bickel desvela crítica ao considerar que a Corte não é o órgão legítimo para tratar de questões políticas, uma vez que não é constituído por representantes eleitos pelo povo e, por conseguinte, não detém legitimidade democrática para atuar sobre políticas públicas (MENDES, 2011, p. 108).

Desse modo, em tempos de protagonismo institucional do Supremo Tribunal Federal e do Poder Judiciário em geral, em um contexto de recrudescimento do processo de judicialização da política, exsurge o problema da legitimidade democrática, que faz transparecer a concepção de que agentes públicos não eleitos não poderiam ter o poder de invalidar atos emanados de um poder legitimamente escolhido pela vontade popular (SILVA, 2008, p. 108; BARROSO, 2010, p. 12).

Não obstante críticas e elogios, a judicialização da política e o ativismo judicial vêm ganhando proporções, que incidiram sobre a expansão do protagonismo das cortes constitucionais em democracias contemporâneas, sobretudo, do Supremo Tribunal Federal no Brasil.

Contudo, um marco importante evidenciou que o Poder Legislativo não se encontra inerte assistindo ao avanço de tais fenômenos. Trata-se da Proposta de Emenda à Constituição nº 33 de 2011, em cifra PEC nº 33/2011, de autoria do Deputado Nazareno Fonteles (PT-PI) e outros, que pode ser interpretada como axiomática reação do Legislativo à ingerência do Judiciário no meio político.

A proposição legislativa foi apresentada em 25 de maio de 2011 à Câmara dos Deputados, obedecendo ao regime de tramitação especial de propostas de emenda à Constituição. As principais medidas da proposta são (a) alterar a quantidade mínima de votos de membros de tribunais para declaração de inconstitucionalidade de lei; (b) condicionar o efeito vinculante de súmulas aprovadas pelo Supremo Tribunal Federal à aprovação pelo Poder Legislativo; e (c) submeter ao Congresso Nacional a decisão sobre a inconstitucionalidade de emendas à Constituição[7].

Os efeitos legislativos materiais da aludida PEC são alterações ou acréscimos de texto aos artigos 97, 103-A e 102, todos da Constituição da República[8].

Ao artigo 97 da Constituição propôs-se nova redação para que a declaração de inconstitucionalidade de lei ou ato normativo do poder público seja executada por voto de quatro quintos dos membros do tribunal ou membros do órgão especial do tribunal, responsável pela aludida declaração. Desta feita, propõe uma elevação expressiva do quórum declaratório de maioria absoluta para quatro quintos dos votos dos membros dos tribunais ou órgãos especiais de tribunais.

O artigo 103-A da Constituição experimentaria sensível alteração de texto, em seu original, bem como ganharia alguns parágrafos. Quanto ao seu *caput*, previu-se a permanência de seu texto original, com alteração somente do quórum para aprovação de súmula vinculante, o qual passaria a ser de quatro quintos dos membros do Supremo Tribunal Federal. Acresce o § 1º, para dispor sobre a restrição de deliberação e propostas de súmulas vinculantes, de modo que deverá guardar estrita identidade com as decisões

---

[7] BRASIL. Congresso. Câmara dos Deputados. *Proposta de Emenda à Constituição nº 33*, Brasília-DF, 2011, p. 1.
[8] BRASIL. Congresso. Câmara dos Deputados. *Proposta de Emenda à Constituição nº 33*, Brasília-DF, 2011, p. 2-3.

precedentes do STF, não podendo exceder às situações que deram ensejo à sua criação. O § 2º permanece com a mesma redação conferida ao antigo § 1º. As mais extensas novidades situam-se na criação dos §§ 4º ao 6º, do artigo 103-A, da Constituição, que prevêem que o Congresso Nacional disporia de 90 (noventa) dias para, em sessão conjunta, deliberar acerca do efeito vinculante da súmula do STF, contados da data do recebimento do processo, formado por enunciado e por decisões precedentes. Caso rejeitado o efeito vinculante pelo Congresso Nacional, a súmula tornar-se-á mais uma das súmulas ordinárias criadas pela Corte Suprema, desprovida do efeito vinculante. Além disso, dá tratamento legislativo à hipótese de silêncio do Congresso Nacional se não for deliberado no prazo constitucional, ao dispor que não havendo a deliberação sobre o efeito vinculante, considera-o aprovado tacitamente. E, por fim, acrescenta a necessidade desta aprovação, ainda que tácita pelo Congresso Nacional, para ganhar efeito vinculante e, consequentemente, propiciar a reclamação ao órgão competente em caso de descumprimento do conteúdo da súmula vinculante.

Por último, a proposição requer o acréscimo dos §§ 2º-A, 2º-B e 2º-C, ao artigo 102, da Constituição da República, para antever que não há produção de efeito vinculante e eficácia contra todos das decisões definitivas de mérito proferidas pelo Supremo Tribunal Federal nas ações diretas de inconstitucionalidade sobre inconstitucionalidade material de emenda à Constituição. Deste modo, para aquisição de efeito vinculante e eficácia *erga omnes* das referidas decisões, propôs a necessidade de encaminhamento para apreciação do Congresso Nacional (em sessão conjunta das casas legislativas, com quórum de aprovação por três quintos dos membros, em 90 dias), que (i) se favorável, confere todos os efeitos referendados pelo Supremo Tribunal Federal; (i) se contrário, submete a controvérsia à consulta popular. A proposição legislativa pretende, no caso de divergência entre juízes e os representantes do povo, que caberia a este a última palavra sobre a questão.

Em sua fundamentação, o Deputado Nazareno Fonteles (PT-PI) expõe sua justificação de estabelecer uma posição de destaque ao Poder Legislativo, ao estipular alguns objetivos a serem alcançados por meio de sua proposta, quais sejam, a valorização do elemento democrático, de modo que os representantes do povo possam afirmar de maneira definitiva quais são os compromissos básicos da sociedade; a superação do argumento de que os legisladores não são aptos a tratar dos direitos das minorias, por estarem pressionados pela maioria; e proporcionar o diálogo institucional a partir da valorização do parlamento[9].

O autor central da PEC n° 33/2011, assinada por diversos parlamentares, afirma que há uma hipertrofia ou amplo protagonismo do Poder Judiciário por três fatores, dos quais dois deles justificam esta proposição.

O primeiro fator, neste momento exposto por não ser o eixo sobre o qual recai a necessidade da proposta, mas que auxilia na compreensão sobre a razão do protagonismo do Judiciário, é a mutação constitucional. Este fenômeno, de uso relativamente recente na dinâmica constitucional brasileira, é um processo de alteração de sentido e alcance dos dispositivos constitucionais, despojado de modificação textual, promovido pela Corte Constitucional, por exercícios de hermenêutica jurídica. Portanto, a informalidade característica deste processo confere, inevitavelmente, ampliação dos eixos de atuação do Judiciário sem a inequívoca participação do legislador[10].

Os outros dois fatores já foram destacados em momento oportuno neste trabalho, quais sejam, a judicialização da política e das relações sociais e o ativismo judicial. Alega o Deputado representante que subscreve a proposta, que o primeiro fenômeno decorre naturalmente do cariz analítico da Constituição, enquanto o segundo é mais preocupante ao denotar o comportamento proativo de interpretação constitucional, que ultrapassa os limites do caso concreto, culminando no perigoso resultado de criação de normas jurídicas. Tal situação seria resultado da fusão de aspectos do controle de constitucionalidade europeu e norte americano no sistema de controle brasileiro. O parlamentar afirma que o ativismo foi incentivado pela Emenda Constitucional n° 45/2004, sobre a Reforma do Judiciário, na medida em que esta criou as figuras da Súmula Vinculante e da Repercussão Geral[11].

---

[9] BRASIL. Congresso. Câmara dos Deputados. *Proposta de Emenda à Constituição n° 33*, Brasília-DF, 2011, p. 9-14.

[10] BRASIL. Congresso. Câmara dos Deputados. *Proposta de Emenda à Constituição n° 33*, Brasília-DF, 2011, p. 3.

[11] BRASIL. Congresso. Câmara dos Deputados. *Proposta de Emenda à Constituição n° 33*, Brasília-DF, 2011, p. 4-5.

O texto de justificação da PEC nº 33/2011 assume as deficiências do Legislativo, imerso em crises de credibilidade, mas propugna a inadmissibilidade da ocupação do vácuo político pelo Supremo Tribunal Federal, como teria ocorrido com a criação de nova hipótese, não prevista constitucionalmente, de perda do mandato parlamentar por infidelidade partidária; com a vedação ao nepotismo, por súmula vinculante proposta pela análise de um único caso; com a redução do número de vagas de vereadores; com balizas para uso de algemas, por súmula vinculante criada fora do caso concreto que a suscitou; com as questões que envolvem pesquisas com células tronco embrionárias, dentre outras casos de tradicional desacordo moral razoável[12].

O autor da proposta quer transmitir a mensagem de que propostas como estas fortalecem o Legislativo, como medida de preservação e valorização da competência legislativa constitucional, e corrigem distorções institucionais do Supremo Tribunal Federal que, nas palavras do parlamentar, transmutou-se de "legislador negativo" para, num segundo momento, "legislador positivo sem legitimidade eleitoral" e, nos últimos tempos, ganhou contornos de "superlegislativo", desprezando-se o risco destas transformações para a legitimidade democrática.

Em última análise, caberia ao povo, detentor do poder soberano, afirmar o que é a Constituição e dar as diretrizes de sua vontade livre e democrática, de maneira que se defende um eventual resgate do valor da representação política, da soberania popular e da dignidade da legislação aprovada pelos representantes eleitos pelo povo. Deste modo, o objetivo central desta proposta seria restabelecer o equilíbrio entre os poderes da República, corrigindo-se a distorção de um quórum baixo para aprovação de questões tão sérias, bem como da alegada utilização anômala da súmula vinculante, originalmente pensada como instrumento de racionalização das decisões judiciais, porém que teria se confirmado como verdadeiro "cheque em branco colocado à disposição pelo Legislativo"[13].

A proposição não violaria, nomeadamente, o princípio da separação dos poderes, pois não há modificação na função

---

[12] BRASIL. Congresso. Câmara dos Deputados. *Proposta de Emenda à Constituição nº 33*, Brasília-DF, 2011, p. 5.
[13] BRASIL. Congresso. Câmara dos Deputados. *Proposta de Emenda à Constituição nº 33*, Brasília-DF, 2011, p. 6.

jurisdicional, bem como, afirma o parlamentar, que a elaboração de súmula vinculante não tem natureza jurisdicional. Deste modo, ao mesmo tempo em que permitiria maior compromisso do Judiciário com os princípios constitucionais, viabilizaria um novo olhar sobre os legisladores, que não são incapazes ou inconseqüentes, por maiorias passageiras, mas que são também aptas a tratar dos direitos da maioria, a despeito das pressões impostas pela maioria parlamentar.

Em 26 de maio de 2011, houve a publicação da proposição apresentada no Diário da Câmara dos Deputados[14], em conjunto com o Relatório de Conferência de Assinatura dos Parlamentares, com a validação de 219 adesões, de 17 partidos políticos (PSB, PR, PMDB, PTB, PSDB, PC do B, PT, PSC, DEM, PP, PPS, PDT, PSOL, PRB, PV, PSL e PHS), o que denota apoio inicial de 42,69% do total dos Deputados Federais àquela altura[15].

Em 07 de junho de 2011, foi proferido o despacho de envio da PEC nº 33/2011 à Comissão de Constituição e Justiça e de Cidadania (CCJC) da Câmara dos Deputados, em regime de tramitação especial, a qual é recebida em 09 de junho de 2011 na respectiva comissão. Ato contínuo, em 01 de julho de 2011, foi designado relator o Deputado Esperidião Amin (PP-SC), parlamentar que também subscreve o texto inicial, para elaboração do Parecer sobre a matéria na CCJC.

Em 30 de agosto de 2011, o relator apresentou o parecer nº 1 pela admissibilidade com emendas da proposição legislativa, o qual subdividiu em basicamente três segmentos, em conformidade com os pressupostos de admissibilidade aparelhados às disposições dos artigos 60, inciso I, §§ 1º ao 4º, da Constituição e 201, incisos I e II, do Regimento Interno da Câmara dos Deputados[16].

No panorama formal, a proposta é admissível, pois presentes 219 assinaturas validadas por atestado da Secretaria Geral da Mesa da Câmara dos Deputados e inexistente obstrução circunstancial

---

[14] BRASIL. Congresso. Câmara dos Deputados. *Diário da Câmara dos Deputados*. Ano LXVI, nº 089. Quinta-feira, 26 de maio de 2011, Brasília-DF, 2011, p. 26.126-26.132.

[15] BRASIL. Congresso. Câmara dos Deputados. *Conferência de Assinaturas*. Secretaria-Geral da Mesa. Serviço de Análise de Proposições - SERAP, Brasília-DF, 2011, p. 1-6.

[16] BRASIL. Congresso. Câmara dos Deputados. *Relatório nº 01 da Comissão de Constituição e Justiça e de Cidadania. PEC nº 33/2011*, Brasília-DF, 2011, p. 1-6.

denotativa de instabilidade jurídica e política que impeça a alteração do texto constitucional (intervenção federal, estado de sítio ou estado de defesa).

No prisma material, as alterações não atingem as cláusulas pétreas da forma federativa de Estado, o voto direto, secreto, universal e periódico e os direitos e garantias individuais. Entretanto, recomendou análise detida sobre a cláusula da separação de poderes. Defendeu a constitucionalidade da alteração do quórum para declaração de inconstitucionalidade de maioria absoluta para quatro quintos e do condicionamento do efeito vinculante de súmula à aprovação pelo Congresso Nacional, este último, por entender não se tratar de ato judicial típico. Sem embargo, o relator reconheceu a manifesta inconstitucionalidade da alteração que submete ao Congresso Nacional a decisão do Supremo Tribunal Federal sobre a inconstitucionalidade material de emenda à Constituição, pois a ação direta de inconstitucionalidade tem natureza estritamente judicial, pelo que alterar seus efeitos pressupõe interferência indevida do Poder Legislativo em atividade típica do Judiciário. Consigna parecer pela admissibilidade, com emenda supressiva do artigo 3º da proposta, por manifesta inconstitucionalidade. A rigor, defende a proposição ao atestar a capacidade do texto de promover a segurança jurídica e prevenir a hipertrofia dos poderes do STF.

Foi referenda a possibilidade de eventual alteração no parecer ao relator, que devolveu o processo sem modificações ou acréscimos em 14 de maio de 2012. Ocorre que foi designado como novo relator o Deputado João Campos (PSDB-GO), fato objeto de impugnação pela via de Reclamação do Deputado Marcos Rogério (PDT-RO), em flagrante equivoco procedimental da CCJC que, no ato de devolução do processo pelo anterior relator, considerou que houve desistência da função, com registro de que não houve manifestação adicional, sem observar que já havia sido proferido parecer anterior.

Não analisada a Reclamação, a PEC nº 33/2011 seguiu, como já afirmado, desacertadamente, para novo parecer pelo Deputado João Campos (PSDB-GO), o qual foi publicado em 05 de dezembro de 2012. Concluiu-se pela admissibilidade sem emendas supressivas, com acolhida de toda a proposição, inclusive a disposição do artigo 3º da proposta, suprimida no relatório anterior, por compreender que cumpre a missão de valorizar a soberania popular, contribuir para o diálogo e harmonia dos poderes e solidificar a decisão legislativa de que, em caso de conflito entre os poderes, a decisão cabe ao povo, no exercício soberano, por intermédio de consulta popular[17].

Logo após, a PEC nº 33/2011 foi colocada em pauta de todas as Reuniões Deliberativas da CCJC, no período de 12 de dezembro de 2012 a 23 de abril de 2013, sendo que na reunião de 27 de março de 2013 houve pedido de vista conjunta e nas reuniões de 04 e 09 de abril de 2013 foram apresentados votos em separado sobre a PEC. Os votos em separado dos Deputados Paes Landim (PTB-PI) e Vieira da Cunha (PDT-RS) foram veiculados em sentido contrário, com os seguintes argumentos sobre a proposição: compromete a celeridade e a eficácia das decisões do STF; embaraça o funcionamento da Corte, reduz o Poder Judiciário a um Poder sem poder; infere inovações que violam a cláusula da separação de poderes; viola a Constituição, que considera o STF como guardião da Carta Política; não há democracia sem garantia de direitos da minoria e a tutela da igualdade, de modo que os juízes não podem se eximir da responsabilidade, por mero argumento de autocontenção, na responsabilidade de concretização dos direitos fundamentais; o funcionamento interno dos Poderes devem ser estabelecidos, a rigor, por seus regimentos internos; e mina a força normativa da Constituição por exigir quórum quase unânime, diminuindo o debate sobre a racionalidade democrática das decisões judiciais[18].

Não obstante a discussão e a aprovação do parecer final em 24 de abril de 2013, com encaminhamento para publicação, em 16 de maio de 2013 no Diário da Câmara dos Deputados (página 17.810, col. 01, Letra A), tendo a 54ª legislatura (2011-2015) se encerrado em 31 de janeiro de 2015, a PEC nº 33/2011 foi arquivada, por força do artigo 105 do Regimento Interno da Câmara dos Deputados.

Insta salientar que, em 25 de abril de 2013, dia seguinte ao da aprovação do parecer final, foram impetrados no Supremo Tribunal Federal os mandados de segurança MS 32036 DF[19] e 32037 DF[20],

---

[17] BRASIL. Congresso. Câmara dos Deputados. *Relatório nº 02 da Comissão de Constituição e Justiça e de Cidadania. PEC nº 33/2011*, Brasília-DF, 2012, p. 1-4.

[18] BRASIL. Congresso. Câmara dos Deputados. *Voto em Separado dos Deputados Paes Landim e Vieira da Cunha*, Brasília-DF, 2013, p. 1-11.

[19] BRASIL. Supremo Tribunal Federal. *Mandado de Segurança nº 32036 Distrito Federal.* Impetrante: Carlos Sampaio. Impetrados: Mesa da Câmara dos Deputados e União. Relator: Ministro Dias Toffoli. Brasília, DF, 25 de abril de 2013. *Diário do Judiciário Eletrônico.* Brasília: DJE, 06 set. 2016, n. 190.

[20] BRASIL. Supremo Tribunal Federal. *Mandado de Segurança nº 32037 Distrito*

respectivamente, pelos Deputados Carlos Sampaio (PSDB-SP) e Roberto José Pereira Freire (PPS-SP), em face do Presidente da Comissão de Constituição e Justiça e de Cidadania da Câmara dos Deputados. Os *writs* foram apensados e distribuídos para relatoria do Ministro Dias Toffoli.

Ao receber a medida cautelar em mandado de segurança, intentada para obstar a tramitação e deliberação da PEC nº 33/2011, por constituir-se em proposição legislativa tendente a alterar o equilíbrio e a harmonia entre os Poderes da República (em violação a cláusula pétrea do artigo 60, §4º, inciso III, da Constituição da República), o relator determinou a abertura do prazo de setenta e duas horas para que a autoridade impetrada prestasse informações e a ciência da Advocacia-Geral da União para manifestar interesse em integrar a lide.

Sem demora, no dia 10 de maio de 2013, restou indeferido o pedido de liminar em mandado de segurança, pois se entendeu que foram respeitadas todas as regras regimentais, legais e constitucionais na tramitação da proposta, com a apresentação de parecer pela admissibilidade, concessão de vista conjunta de parlamentares e apresentação de votos em separado; bem como, a tramitação estava suspensa por ausência de Comissão Especial para matéria. Por todo o exposto, inexistente o *periculum in mora*, não havia razão para o deferimento da liminar requerida pelo impetrante.

A Procuradoria-Geral da República manifestou-se em 18 de setembro de 2014, pugnando pela denegação do mandado de segurança, por inexistência de direito líquido e certo do impetrante, pois o parlamentar não está obrigado a deliberar sobre propostas de emenda à Constituição, sobre as quais é facultado abster ou votar contrariamente, sem necessidade de intervenção do Judiciário. Outrossim, concluiu ser inadequada a utilização do MS como sucedâneo de controle preventivo de constitucionalidade, sob pena de criação de controle abstrato prévio, não previsto na Constituição e, portanto, não conferido aos mesmos legitimados para suscitar o controle repressivo de constitucionalidade.

Ao vislumbrar a provável alteração do quadro fático com a

---

*Federal*, Impetrante: Roberto João Pereira Freire. Impetrados: Presidente da Comissão de Constituição e Justiça e de Cidadania da Câmara dos Deputados e União. Relator: Ministro Dias Toffoli. Brasília, DF, 25 de abril de 2013. *Diário do Judiciário Eletrônico*. Brasília: DJE, 06 set. 2016, n. 190.

possibilidade de perda do objeto da impetração, o ministro relator, em 10 de setembro de 2015, solicitou informações oficiais à autoridade impetrada quanto ao estado de tramitação da PEC n° 33/2011.

Recebidas as informações, foi proferida decisão monocrática pelo Supremo Tribunal Federal, no dia 27 de agosto de 2016, que julgou prejudicados os MS e o agravo regimental interposto em face da decisão que denegou a decisão liminar, nos termos do artigo 21, inciso IX, do Regimento Interno do STF, por perda do objeto, posto que houve o arquivamento da proposição com o final da legislatura, assim como o transcurso *in albis* do prazo para possível desarquivamento (ainda que dentro deste prazo para desarquivamento, não poderia ocorrer sem prejuízo do proveito do trâmite congressual, porque o autor que poderia solicitar o desarquivamento não exerce mais o cargo de Deputado Federal).

Em suma, portanto, a leitura desta proposta é recebida como fator evidente da tensão existente entre os poderes em razão da indeterminação dos seus limites de atuação. Os críticos contrários, todavia, prevêem uma característica deletéria, a de pretender desconstituir a separação de poderes, um núcleo básico da Constituição Federal de 1988, protegido como cláusula pétrea em seu artigo 60, § 4°. (NONATO, 2013)

As mudanças propostas interferem significativamente na separação dos poderes, visto que dão azo à possibilidade de impor um Legislativo hegemônico e altamente limitador do Judiciário. Ignorando, desta feita, que o poder estatal é uno, exercido por três organismos funcionais diferentes, os quais podem e devem se controlar para assegurar que nenhum deles seja absoluto.

Contudo, neste momento, a sociedade passa por um processo de redefinição de conceitos jurídicos e políticos e de protagonismos. Questões referentes à judicialização da política, ao ativismo judicial e à efetivação dos direitos consagrados na Constituição são temas centrais na conjuntura política e jurídica do país e demandam discussão e posicionamento do Estado, bem como dos cidadãos, acerca de seus limites e proporções, a fim de que se mantenha integro o sistema de freios e contrapesos.

# 7 DIÁLOGOS INSTITUCIONAIS NO BRASIL: CONSIDERAÇÕES EM FACE DO DESENHO INSTITUCIONAL BRASILEIRO E DE *HARD CASES*

A tensão entre atores do desenho institucional brasileiro (conceito promotor da dispersão da prerrogativa de instituição e veto sobre decisões entre os agentes políticos e que supera a insuficiência da tradicional figura da separação dos poderes) configurada pela imposição do diálogo pela Proposta de Emenda à Constituição nº 33 de 2011 foi nítido demonstrativo de que há, por um lado, um processo de expansão do poder do Supremo Tribunal Federal, a partir de uma acentuada judicialização da política e dos fenômenos sociais e o crescimento de decisões ativistas e, de outro, a reação do parlamento, em atitude desesperada para retomar um poder político minado pelo decaimento de credibilidade institucional.

Neste sentido, os diálogos institucionais buscam enfrentar com seriedade o ativismo judicial, a fim de reequilibrar as teorias da última palavra e emergem como um plexo de teorias que podem contribuir para o aperfeiçoamento e legitimação do controle de constitucionalidade, de maneira a manter uma conversa contínua e profícua, composta de decisões temporárias, contestáveis em outras instâncias políticas por novas rodadas deliberativas, para solucionar casos difíceis e que exigem respostas institucionais planejadas e refinadas de instituições de diferentes *expertises*, *ipsis literis*:

> Vive-se no Brasil uma crescente vaga crítica ao ativismo judicial. Contudo, parte dessas considerações acaba por reproduzir o mesmo equívoco da aposta em uma "última palavra" e olvida a estrutura institucional em que os poderes estão inseridos. [...] De uma parte, afirma-se que o Executivo possui melhores condições para avaliar casos concretos e que o Judiciário deveria prestar deferência a decisões das agências do governo. Do lado do constitucionalismo popular, o Povo seria o agente ideal para a solução de conflitos. Há ainda quem defenda que o controle de constitucionalidade devesse ser reduzido ao máximo em favor de debates realizados nas casas do Parlamento. Tais construções, feitas a partir de diferentes referências ideológicas, as quais buscam potencializar modos diversos de arranjos institucionais, dirigem-se pela preocupação a respeito da legitimidade da prática da jurisdição constitucional. (CLÈVE, 2015, p. 187-188)

O diferencial dos diálogos institucionais insere-se, sobretudo, na abertura intencional das decisões proferidas no âmbito do controle de constitucionalidade para uma resposta dialógica legislativa sobre determinada temática. Por isso, substitui-se a lógica do veto e da rejeição normativa das decisões políticas para construir-se um colóquio entre os axiomas constitucionais ditados pela Corte Constitucional e as políticas públicas socioeconômicas emitidas pelos representantes eleitos. Isto não significa, pragmaticamente, que os magistrados deixariam de emitir o juízo pela inconstitucionalidade, mas que ofertariam pronunciamento prévio ou indicação para que o faça posteriormente aos demais poderes sobre as violações constitucionais questionadas ou, ainda, que o farão com a ressalva de que caberá ao Legislativo reedificar a aludida legislação.

Resta compreender, portanto, em que medida os diálogos institucionais, no Brasil, podem contribuir para as decisões sobre casos complexos, os mecanismos que possibilitam a sua adoção incipiente, os *hard cases* nos quais já se notam traços de diálogo e a prejudicialidade do modelo adversarial tradicional, por diversas vezes, verificado no cenário brasileiro, por força, inclusive, do desenho institucional adotado pelo país.

Os estudos de Clève (2015) asseveram que a cultura jurídica canadense difere em grande medida da brasileira, pois enquanto, na primeira, o diálogo é prática constante e decorrência de atuação instrumental na interação entre os Poderes, em que a corte decide sobre leis já emendadas pelo parlamento ou exorta ao legislador para que ofereça remédio ao imblóglio constitucional; na segunda, o diálogo institucional tem caráter eminentemente normativo, razão pela qual perde força no momento da aplicabilidade ao caso concreto (CLÈVE, 2015, p. 194).

Deste modo, como restará evidenciado quando da explanação acerca dos julgados emblemáticos e de *hard cases*, o Supremo Tribunal Federal tem dirigido a valorização de conversas institucionais relevantes em casos pontuais, mas sempre transparecem nas ementas e votos como um objetivo positivo, desejável e alcançável de superação do monólogo judicial ou legislativo, em momento futuro, com influências pontuais no presente, que necessita de longo percurso de amadurecimento democrático e de revisão da tradição institucional.

Pelo exposto, conclui-se que a teoria dos diálogos institucionais, em sua aplicação nacional, tem caráter eminentemente normativo, carecedora de efetividade, pois somente exprimirá seus efeitos sobre a sociedade a partir da remodelação das incumbências dos Poderes, que faça superar o caráter impenetrável de suas respectivas atribuições.

A jurisdição constitucional brasileira foi moldada, nas últimas décadas, por reformas no Judiciário que implantaram temperamento concentrador e vinculante, em virtude da adoção de súmulas vinculantes e da repercussão geral enquanto pressuposto de admissibilidade especial dos recursos extraordinários pelo Supremo Tribunal Federal. Tais opções promoveram a consolidação de um modelo brasileiro de controle de constitucionalidade denominado, na lição de Clève (2015), como *"modelo extremo de deliberação externa"* (p. 200).

A adesão ao modelo extremo de deliberação externa trouxe reflexos positivos e negativos à viabilidade e utilização incipiente da teoria dos diálogos institucionais no cotidiano político e jurídico nacional, sob os pontos de vista intrainstitucional e interinstitucional, os quais passaremos a delinear.

A jurisdição constitucional brasileira, em matéria de diálogos, enfrenta sua grande dificuldade em obstáculos intrainstitucionais. A deliberação interna do Supremo Tribunal Federal é prejudicada pela ausência de conectividade entre os votos proferidos pelos ministros, na medida em que não é costume a troca, complementação ou reconsideração de votos para viabilizar a construção do processo decisório na Corte (CLÈVE, 2015).

Ademais, afere-se a inexistência de unidade decisória, pois, em regra, os acórdãos se limitam a reunir os votos proferidos em plenário ou nas turmas de julgamento, inviabilizando a prolação de decisões precisas sobre a opinião do tribunal. Estas constatações dificultam a interação entre os ministros e, por consequência, a elaboração de uma posição institucional inequívoca. Além disso, prejudica o diálogo com o jurisdicionado (agente político), que não é capaz de isolar argumentos auxiliares (*obiter dictum*) e razões decisórias relevantes ao caso concreto. Esta dificuldade institucional pode ser superada por alterações no Regimento Interno do STF, de mudanças acerca da compreensão institucional da Corte pelos ministros e da reflexão sobre a irracionalidade produtiva de monólogos judiciais (CLÈVE, 2015).

Sob o panorama interinstitucional, o *know-how* brasileiro ratifica as consequências da teoria do diálogo em três perspectivas distintas, segundo Clève (2015): (a) contribuição do Congresso Nacional, que possui mecanismos de superação normativa de decisões obtidas por meio do controle concentrado de constitucionalidade pelo STF, como a edição de Emendas Constitucionais, que podem contribuir positivamente para superar decisões que, a despeito de sua elaboração técnica, não são capazes de dissipar efeitos práticos deletérios; (b) contribuição do Supremo Tribunal Federal, que (b.1) soluciona dilemas constitucionais não resolvidos pelo Congresso Nacional, em sua atribuição originária, (b.2) na hipótese em que a norma jurídica não transcende seus efeitos sobre grupos de interesses que a *ratio legis* pretendia fazer albergar num determinado contexto histórico, ou (b.3) simplesmente do exercício da faculdade de provocar a participação do legislador, episodicamente, para se pronunciar sobre questões complexas; (c) interações entre o Supremo Tribunal Federal e as entidades da sociedade civil organizada, pelo uso de instrumentos de aprimoramento e formação de razões públicas e da fundamentação epistêmica das futuras decisões, como as audiências públicas e a modalidade de intervenção de terceiros do *amicus curiae*, em privilégio ao princípio da busca da verdade real.

Oliveira (2017) analisa as evidências de um diálogo institucional na experiência brasileira. Para tanto, defende que as teorias do diálogo têm ganhado espaço e proeminência no cenário norte-americano, mas que foi capaz de alimentar críticas à realidade e estrutura institucional brasileiras, em virtude de novas exigências políticas e democráticas nacionais. Deste modo, o incremento do fenômeno dialógico lavrou espaço na experiência brasileira de jurisdição constitucional, com todas as suas limitações e independentemente de alterações institucionais ou reformas em Poderes e regras constitucionais.

Não obstante a percepção de influências das teorias dos diálogos constitucionais no caso brasileiro, dois argumentos são elencados para dispor sobre a timidez de seus efeitos, denotando que por mais que venha a ganhar força no Brasil, existem empecilhos evidentes à maior ocorrência dos diálogos no âmbito nacional.

O primeiro argumento, de ordem normativa, consiste na incompatibilidade legal dos diálogos com o modelo de jurisdição constitucional brasileiro, devido a assente regra constitucional de supremacia do Poder Judiciário, no tocante à última palavra a respeito da Constituição. Este argumento encontraria respaldo no artigo 102, *caput*, da Constituição da República, o qual dispõe que "*compete ao Supremo Tribunal Federal, precipuamente, a guarda da Constituição*", de maneira que não cabe à Corte Suprema figurar como ocupante de vácuo normativo pela atuação lacunar dos Poderes Legislativo e Executivo, mas tão somente resguardar sua prerrogativa de conferir a última palavra sobre temas constitucionais, sob pena de críticas afeitas ao ativismo judicial de suas decisões (OLIVEIRA, 2017).

O segundo argumento, de ordem política, consiste na carência de estrutura dotada de fundamento político, prático e constitucional que viabilize eventual supremacia do parlamento sobre determinadas questões. Dessa maneira, o desenho institucional brasileiro não admitiria, por este argumento, a abertura para que o parlamento resolva questões jurídicas concretas com base nos princípios democrático e da maioria, sem que o Judiciário atue em sua postura contramajoritária em algum momento sobre questões constitucionais controvertidas às quais foi acionado a se pronunciar (OLIVEIRA, 2017).

Sem embargo das críticas teóricas às incompatibilidades do

sistema constitucional brasileiro às teorias dialógicas, este trabalho adotará, a partir deste ponto, uma postura realista para pragmaticamente identificar e comprovar em que medida é constatada a interação institucional, neste momento num perfil global (intra e interinstitucional), na experiência brasileira.

Para atingir este objetivo serão utilizados casos paradigmáticos e, em especial, casos difíceis ou *hard cases* de elevada controvérsia constitucional.

## 7.1. Balizas para identificação de casos difíceis e paradigmáticos

Preliminarmente, no entanto, mister delinear a concepção sobre o que são exatamente os casos difíceis, os quais serão objeto de explanação para comprovar ou rechaçar a premissa construída no tópico anterior.

No magistério de Barroso (2012b, p. 32), os casos fáceis são aqueles para os quais há uma solução pré-concebida, em que basta a mera subsunção do fato à norma adequada e expressamente prevista no ordenamento jurídico. Entretanto, a complexidade da vida social, por diversas vezes, suscita controvérsias para as quais não há uma solução previamente descrita em lei, de modo que esta deverá ser construída por esforço argumentativo do julgador, à luz das circunstâncias fáticas do caso concreto, do arcabouço legislativo e de fatores exteriores ao Direito. Em vista disso, os casos difíceis são aqueles que são criados por algumas situações geradoras, quais sejam, a ambigüidade da linguagem, os desacordos morais razoáveis e as colisões de normas constitucionais ou de direitos fundamentais.

A utilização pelo Direito de diversos princípios e conceitos jurídicos indeterminados depositários de significados plurais envolve valoração subjetiva do intérprete para estabelecer o sentido e o alcance da norma jurídica com suporte em casos concretos. Este elevado grau de incerteza e variação interpretativa da norma, promotora de insegurança jurídica, deriva da ambigüidade da linguagem. A segunda situação geradora de casos difíceis são os desacordos morais razoáveis. É natural que, na sociedade contemporânea plural, os sujeitos concebam ideias diferentes a respeito de temas moralmente controvertidos, seja pela percepção individual, pela divergente pré-compreensão referencial ou pela ideologia do intérprete. Estes desacordos morais são, portanto, fatores determinantes na construção da racionalidade decisória, cuja pretensão é a retidão ou correção moral. Ademais, nem todos os casos podem ser resolvidos por mera subsunção dos fatos à norma expressa, exigindo-se que a Constituição ofereça uma saída argumentativa, pela valorização de elementos do caso concreto, e análise sistemática de valores constitucionais em tensão ou colisão direta. A esta situação geradora de casos difíceis qualifica-se colisão de normas constitucionais ou de direitos fundamentais (BARROSO, 2012b, p. 32-34).

Fato é que o intérprete converte-se em participante do processo de criação do Direito pelos elementos constitucional e casuisticamente disponíveis, construindo argumentativamente a solução das controvérsias judiciais. Nesse sentido, o Supremo Tribunal Federal preocupa-se em fortalecer sua legitimidade, a qual se vincula à capacidade do juiz ou do tribunal em articular a adesão da sociedade quanto ao papel por eles desempenhado. Nos mesmos termos, Barroso (2012b) sustenta que:

> A legitimidade de tal atuação dependerá da capacidade do juiz ou tribunal de convencer o auditório ao qual se dirige de que a decisão produzida é constitucionalmente adequada, por ser legítima, justa e compatível com o sistema normativo. O auditório típico de um juiz de primeiro grau é o seu tribunal. O auditório típico de um tribunal, nas questões constitucionais, é o Supremo Tribunal Federal. O próprio STF não é um tribunal de si próprio. Sua legitimidade e credibilidade dependem da compreensão e do assentimento da sociedade como um todo quanto ao papel que desempenha. No fundo, este é o seu auditório final. (BARROSO, 2012b, p. 43)

Assim, são diversos os casos difíceis, ou simplesmente paradigmáticos (caso desprovidos de uma ou outra baliza descrita alhures, mas que são igualmente importantes para evidenciar aspectos centrais sobre determinada temática), que podem evidenciar traços de emprego da prerrogativa da última palavra com afastamento de possibilidade concreta de abertura de rodadas deliberativas dialógicas, e outros em que se verifica o estabelecimento de um debate democrático institucional, representativo da teoria dos diálogos.

## 7.2. Ênfase na aplicação da supremacia judicial no Brasil e estímulo indireto ao diálogo conforme a jurisprudência do Supremo Tribunal Federal

Nesse ínterim, a primeira situação a ser demonstrada é o caso do uso puro e simples da prerrogativa da última palavra, pelo Supremo Tribunal Federal, nos Mandados de Segurança nº 26602 DF, 26603 DF e 26604 DF, acerca do debate da infidelidade partidária. E, em um segundo momento, apresentar-se-á o Recurso Extraordinário nº 197.917-8 SP, que apesar de também utilizar-se da supremacia judicial e da força imposta pela prerrogativa da última palavra foi capaz de abrir sensível debate sobre o número de vereadores por município (OLIVEIRA, 2017).

## 7.2.1. Mandados de Segurança nº 26602 DF, 26603 DF e 26604 DF: ênfase na aplicação da prerrogativa da última palavra acerca do debate da infidelidade partidária

Os Mandados de Segurança nº 26602[21,] 26603[22] e 26604[23],

---

[21] BRASIL. Supremo Tribunal Federal. *Mandado de Segurança nº 26602 Distrito Federal.* Impetrante: Partido Popular Socialista (PPS). Relator: Ministro Eros Grau. Brasília, DF, 04 de outubro de 2007. *Diário do Judiciário Eletrônico e Diário Oficial da União.* Brasília, 17 out. 2008. n. 197.

[22] BRASIL. Supremo Tribunal Federal. *Mandado de Segurança nº 26603 Distrito Federal.* Impetrante: Partido da Social Democracia Brasileira (PSDB). Relator: Ministro Celso de Mello. Brasília, DF, 04 de outubro de 2007. *Diário do Judiciário Eletrônico e Diário Oficial da União.* Brasília, 17 out. 2008. n. 197.

[23] BRASIL. Supremo Tribunal Federal. *Mandado de Segurança nº 26604 Distrito Federal.* Impetrante: Democratas (DEM). Relator: Ministra Carmen Lúcia. Brasília, DF, 04 de outubro de 2007. *Diário do Judiciário Eletrônico e Diário Oficial da União.* Brasília, 17 out. 2008. n. 197.

provenientes do Distrito Federal, foram impetrados, respectivamente, pelo PSDB, PPS e DEM, em face de ato do Presidente da Câmara dos Deputados, que indeferiu pleito formulado pelos partidos, que afirmaram possuir direito líquido e certo para declarar a vacância dos mandatos dos deputados federais que se desfiliaram de suas legendas, devendo ser mantidas às agremiações partidárias as vagas conquistadas em eleições realizadas pelas normas do sistema proporcional.

Posta a aludida questão constitucional controversa, em 04 de outubro de 2007, o Plenário do Supremo Tribunal Federal trouxe a julgamento conjunto os *writs* e, por maioria, conheceu dos Mandados de Segurança e denegou as ordens, vencidos os ministros Carlos Ayres Britto e Marco Aurélio Mello.

Em síntese, decidiu-se que a permanência do parlamentar na agremiação política pelo qual se elegeu é fundamental à manutenção da representatividade partidária do próprio mandato parlamentar, de maneira que a fidelidade partidária deve perdurar após a posse no cargo eletivo. Deste modo, o abandono da legenda, por fundamentos outros que não os definidos na legislação eleitoral como alterações na ideologia partidária ou perseguições políticas, enseja a supressão do mandato do parlamentar, devendo o caso concreto ser analisado detalhadamente pelo Tribunal Superior Eleitoral.

O Supremo Tribunal Federal afirmou que a eleição de deputados obedece ao sistema proporcional, por lista aberta, uninominal, de maneira que o eleitor exerce sua liberdade de escolha entre os candidatos devidamente registrados pelo partido político. Deste modo, é o partido político o verdadeiro destinatário do voto, pois viabiliza a própria elegibilidade do candidato. Vincula-se, obrigatoriamente o eleito a um partido político, seu programa e ideologia, por força de norma constitucional.

Desta feita, a ruptura do compromisso do eleito com o partido representaria a quebra da equação político-jurídica estabelecida na ocasião da eleição. Em conclusão, a fidelidade partidária foi erigida a corolário lógico-jurídico necessário do sistema constitucional vigente, sem que houvesse necessidade de expressão literal na Constituição da República.

O efeito prático ao presente estudo é destacar que a decisão tomada pelo Plenário do Supremo Tribunal Federal no julgamento conjunto dos aludidos Mandados de Segurança ao definir o quadro abstrato da infidelidade partidária, foi o reforço da força normativa da Constituição e o monopólio da última palavra, pelo STF, em matéria de interpretação constitucional, em nada admitindo, nem mesmo teoricamente, a admissão dos efeitos dos diálogos constitucionais para contribuir à decisão.

O Ministro Celso de Mello, no MS 26603 DF, em seu relatório, é inequívoco ao propugnar a missão e dimensão extraordinária, essencialmente política, da interpretação judicial, proporcionada pela Constituição, ao Supremo Tribunal Federal em utilizar-se de processos diretos e informais de mutação constitucional, no exercício da prerrogativa do monopólio da última palavra acerca das normas da Lei Maior, em virtude da estrutura institucional estabelecida no país:

> O exercício da jurisdição constitucional, que tem por objetivo preservar a supremacia da Constituição, põe em evidência a dimensão essencialmente política em que se projeta a atividade institucional do Supremo Tribunal Federal, pois, no processo de indagação constitucional, assenta-se a magna prerrogativa de decidir, em última análise, sobre a própria substância do poder.
>
> No poder de interpretar a Lei Fundamental, reside a prerrogativa extraordinária de (re) formulá-la, eis que a interpretação judicial acha-se compreendida entre os processos informais de mutação constitucional, a significar, portanto, que 'A Constituição está em elaboração permanente nos Tribunais incumbidos de aplicá-la'. Doutrina. Precedentes. A interpretação constitucional derivada das decisões proferidas pelo Supremo Tribunal Federal - a quem se atribuiu a função eminente de "guarda da Constituição" (CF, art. 102, *caput*)- assume papel de fundamental importância na organização institucional do Estado brasileiro, a justificar o reconhecimento de que o modelo político-jurídico vigente em nosso País conferiu, à Suprema Corte, a singular prerrogativa de dispor do monopólio da última palavra em tema de exegese das normas inscritas no texto da Lei Fundamental.

## 7.2.2. Recurso Extraodinário n° 197917: aplicação da prerrogativa da última palavra com estímulo indireto ao diálogo sobre o número de vereadores

Outro caso de destaque é o Recurso Extraordinário n° 197917[24], proveniente de São Paulo, interposto pelo Ministério Público Estadual, perante o Supremo Tribunal Federal, em face de decisão proferida pelo Tribunal de Justiça de São Paulo, o qual reformou a sentença de primeiro grau que reconheceu a inconstitucionalidade do art. 6°, parágrafo único, da Lei Orgânica do Município de Mira Estrela/SP, reduzindo o número de vereadores de onze para nove e decretando a extinção dos mandatos conferidos ao décimo e décimo primeiro colocados na eleição erigida sob o princípio proporcional.

O Ministério Público do Estado de São Paulo alegou que o dispositivo legal questionado desrespeitou o princípio da proporcionalidade estabelecido pela Constituição da República, de modo que o Município de Mira Estrela/SP teria, à época, uma diminuta população de 2.651 habitantes enquanto padecia de um número excessivo de parlamentares municipais.

O Plenário do Supremo Tribunal Federal, por maioria dos votos, deu parcial provimento ao recurso extraordinário para restabelecer parte da decisão de piso, declarando inconstitucional, em caráter incidental, o artigo 6°, parágrafo único, da Lei Orgânica Municipal n° 226/1990. Além disso, determinou à Casa Legislativa que adotasse as medidas necessárias para adequação da composição do número de vereadores, de onze para nove, conforme os parâmetros fixados na decisão e, com efeitos diferidos, respeitos os mandados dos eleitos. Ao constatarem a inconstitucionalidade do dispositivo de lei municipal em face de lei federal, em caráter incidental, a excepcionalidade da nulidade denotou que atribuir o

---

[24] BRASIL. Supremo Tribunal Federal. *Recurso Extraordinário n° 197917 São Paulo*. Recorrente: Ministério Público Estadual, Câmara Municipal de Mira Estrela e Outros. Relator: Ministro Maurício Corrêa. Brasília, DF, 06 de junho de 2002. *Diário do Judiciário Eletrônico e Diário Oficial da União*. Brasília, 07 mai. 2004. n. 2150-03, p. 368.

efeito *ex tunc* resultaria em ameaça direta ao princípio da segurança jurídica. Deste modo, conferiu-se, por exceção, efeitos *pro futuro* à declaração incidental de inconstitucionalidade.

Os fundamentos do acórdão do Supremo Tribunal Federal foram redigidos em consideração ao artigo 29, inciso IV, da Constituição Federal, o qual determina que o número de vereadores seja proporcional à população dos municípios, tendo em vista os limites fixados nas alíneas "a" a "c" do mesmo artigo. A Lei Orgânica do Município de Mira Estrela/SP não teria observado o sistema constitucional vigente, pois não apresenta a proporcionalidade adequada entre o número de representantes eleitos e a população local, de modo que afigura excesso do poder de legislar o agir parlamentar contrário aos princípios da isonomia e da razoabilidade. Os julgadores apontaram a indispensabilidade de interpretação dos dispositivos constitucionais com parâmetros aritméticos mais rígidos, para solapar a afronta aos princípios constitucionais e nem ocorrer flagrante burla à isonomia entre os diferentes municípios brasileiros.

O RE n° 197917 SP soma-se à situação manifestada nos mandados de segurança explicitados acima, posto que também utiliza do expediente da reafirmação do Supremo Tribunal Federal como o condutor, em última instância, da interpretação do texto constitucional, sem qualquer esforço direto por intentar alternativas de diálogos institucionais, ainda que fossem praticados em sede de recurso extraordinário.

A viabilidade de abertura de deliberações sobre as questões invocadas, não aproveitada no caso concreto, estaria na excepcionalidade e relevância do precedente quanto à necessidade de parâmetros concretos para fixação do número de vereadores por município, a despeito da expressa previsão quanto à necessária observância dos princípios constitucionais da proporcionalidade, da isonomia e da razoabilidade.

Conquanto a consideração de que a última palavra foi tomada pela Corte Constitucional, adequada a um primeiro momento, a decisão do Supremo Tribunal Federal conseguiu contribuir, para inserir na agenda política a razoabilidade dos custos despendidos na manutenção de um número elevado de vereadores nos Poderes Legislativos dos municípios brasileiros e inibiu o aumento dos cargos para vereadores, que ficaram condicionados aos custos políticos das decisões políticas dissonantes à judicial e ao incentivo de que, apesar de recriados os cargos extintos pela decisão do STF, por força da Emenda Constitucional nº 58 de 2009, não ocorresse tal fenômeno conjuntamente ao aumento de repasse aos legislativos municipais (BRANDÃO, 2012, p. 298-299).

Neste sentido, afirma Brandão (2012):

> É verdade que o Congresso Nacional, e, sobretudo, as forças políticas locais não se irresignaram, antes aprovaram a Emenda Constitucional nº 58/2009 que, na prática, recriou os cargos de vereadores 'extintos' pela decisão do STF. Todavia, a circunstância de a Emenda Constitucional [...] revela que a decisão do STF teve o condão de colocar na agenda pública o tema da razoabilidade de gastos dos Poderes Legislativos municipais, o qual dificilmente emergeria espontaneamente do Congresso Nacional. [...] Além disso, a suspensão da eficácia do art. 3º, inc. I, da EC n. 58/2009, que permitia que fosse dada posse a suplentes segundo a eleição passada, revelou que, se o STF não conseguiu 'emplacar' a redução do número de vereadores, ao menos coibiu claro abuso legislativo do Congresso Nacional. (BRANDÃO, 2012, p. 299)

Assim, está configurado o uso puro da justificativa do monopólio da última palavra pelo STF, embora os efeitos práticos tivessem sido a introdução de discussões sobre uma agenda pública maior. Fato é que o estímulo à agenda pública, por si só, sem o acompanhamento de outras medidas adotadas pelo próprio STF em conjunto com o Congresso Nacional, não seria capaz de afirmar a adoção das teorias dos diálogos institucionais, embora, a experiência do caso, tenha provocado aumento da consciência geral e do incentivo à razoabilidade. Sendo assim, convém clarear que são apenas credenciais de diálogos, mas não induzido diretamente pelo STF, por decisão judicial, mas pela via transversa dos efeitos extrajurídicos e políticos posteriores ao provimento judicial que deu publicidade à problemática dos gastos e da proporcionalidade de cargos públicos.

Apesar da compreensão ditada por Oliveira (2012) e Cavalcante

(2017) de que os aludidos julgados demonstram nada mais que o uso da prerrogativa da última palavra e são representativos de um jogo de forças entre a supremacia judicial e a supremacia parlamentar, num verdadeiro embate sem meio termo, outros doutrinadores, como Lírio do Valle, Pulcinelli e Maneiro (2016) compreendem estes casos paradigmáticos (MS 26602, 26603 e 26604 DF e RE 197917 SP) como um exercício da última palavra, mas que desencadeia uma resposta dialógica dos domínios majoritários de poder.

## 7.3. Possibilidades concretas de diálogos institucionais no Brasil conforme a jurisprudência do Supremo Tribunal Federal

Diferentemente do sustentado anteriormente, em determinados casos difíceis verifica-se o estabelecimento de uma tentativa de realização de debate democrático institucional, apesar de todas as ressalvas de qualidade, funcionalidade e extensão. Nestes casos, o Supremo Tribunal Federal retira parte do protagonismo proporcionado pela sua competência contramajoritária para fomentar rodadas deliberativas, afirmando o Legislativo como autêntico espaço da representação política editor de legislação sobre a temática e o Executivo como o responsável por escolhas técnicas por excelência, capazes de melhor solucionar questões relacionadas ao objeto da controvérsia constitucional (OLIVEIRA, 2012). Apesar de tudo, restará demonstrado que a utilização da teoria dos diálogos é flagrantemente prejudicada ou extremamente diminuta, por razões e críticas que passaremos a demonstrar.

Assim, fixada esta premissa, ela poderá ser comprovada ou descartada pelas deliberações e decisões colhidas em pesquisa terminológica na jurisprudência do STF (termos "diálogos", "diálogos institucionais", "diálogos constitucionais", "supremacia judicial" e "vaquejada") dos seguintes casos:

(i)     Ação Direta de Inconstitucionalidade nº 2240 Bahia;
(ii)    Ação Direta de Inconstitucionalidade nº 4425 Distrito Federal;
(iii)   Ação Direta de Inconstitucionalidade nº 4650 Distrito Federal;

(iv)    Ação Direta de Inconstitucionalidade n° 5105 Distrito Federal.

## 7.3.1. Ação Direta de Inconstitucionalidade n° 2240 BA: inconstitucionalidade da criação de município

A Ação Direta de Inconstitucionalidade n° 2240[25], proveniente da Bahia, foi proposta pelo Partido dos Trabalhadores (PT) em face da Lei Estadual baiana n° 7.619/2000, a qual criou o município de Luís Eduardo Magalhães, tendo em vista o desmembramento questionado do município de Barreiras.

Sustentou-se, em síntese, que havia ofensa ao artigo 18, §4°, da Constituição Federal, pois o ente federativo foi criado em ano de eleições municipais, sem o respaldo de lei complementar federal prevista na Constituição, fundamental para definição do período de instituição, criação, fusão e desmembramento dos municípios. Além disso, o requerente arguiu que a lei impugnada desobedece ao regime democrático, posto que não foi realizada a consulta prévia, por plebiscito, à totalidade da população interessada na emancipação, qual seja, do antigo distrito e a do município de Barreiras. Soma-se a isto a publicação apenas posterior ao plebiscito dos estudos de viabilidade municipal (LEITE, 2009).

Submetida a ADI n° 2240 BA ao Plenário do Supremo Tribunal Federal, este julgou, à unanimidade, pela procedência da ação direta e, por maioria, entendeu pela impronúncia de nulidade do ato impugnado, em caráter de exceção e devido à enorme insegurança jurídica e instabilidade das conseqüências da declaração no caso concreto, mantendo-se sua vigência pelo período de 24 (vinte e quatro) meses até que novo regulamento sobre a matéria erija dos parlamentares estaduais. Assim decidiram os ministros, inclusive a ministra presidente Ellen Gracie, nos termos do voto do relator ministro Eros Grau e do voto-vista do ministro Gilmar Mendes, restando vencido, quanto ao segundo ponto, o ministro Marco

---

[25] BRASIL. Supremo Tribunal Federal. *Ação Direta de Inconstitucionalidade n° 2240 Bahia.* Requerente: Partido dos Trabalhadores (PT). Relator: Ministro Eros Grau. Brasília, DF, 09 de maio de 2007. *Diário do Judiciário Eletrônico e Diário Oficial da União.* Brasília, 03 ago. 2007. n. 72.

Aurélio Mello, que entendeu pela declaração imediata de nulidade do ato questionado.

Ocorre que transcorrido o prazo de 24 (vinte e quatro) meses conferido pelo Supremo Tribunal Federal para a regulamentação do artigo 18, §4°, da Constituição da República, o Congresso Nacional se absteve de fazê-la. Entretanto, no aludido período resolveu editar a Emenda Constitucional n° 57 de 2008, que introduziu o artigo 96 do Ato das Disposições Constitucionais Transitórias, nos seguintes termos:

> Art. 96. Ficam convalidados os atos de criação, fusão, incorporação e desmembramento de Municípios, cuja lei tenha sido publicada até 31 de dezembro de 2006, atendidos os requisitos estabelecidos na legislação do respectivo Estado à época de sua criação.

O Congresso Nacional optou por convalidar a situação dos municípios criados até o dia 31 de dezembro de 2006, porém deixou de cumprir a decisão exarada pelo Supremo Tribunal Federal.

Ferreira (2014) afirma que se observa o diálogo estabelecido entre o Supremo Tribunal Federal e o Poder Legislativo, na medida em que, a despeito de solucionar a questão de modo diferente do estabelecido originalmente na decisão, o Congresso Nacional, por falta de acordo sobre o teor da legislação regulamentadora do artigo 18, §4°, da Constituição Federal, e uma vez reconhecida a incapacidade de sanar a morosidade inconstitucional resultante da inação sobre a referida lei, agiu de modo a convalidar todos os municípios criados sobre a mesma situação, utilizando-se do critério temporal. Ferreira (2014) critica a atitude do Poder Legislativo em solucionar parte da questão, pois não resolveu sobre a lei complementar regulamentadora, mas identifica como positivo a promoção de um diálogo para promoção de regulação dos municípios putativos:

> É de certa forma criticável a atitude do Legislativo. uma vez que a inconstitucionalidade está na morosidade da confecção da lei e, em segundo plano, na falta de permissão dos municípios que tiverem a intenção de se

> desmembrarem, incorporarem, fundirem ou serem criados. A atitude do Legislativo solucionou somente parte da questão, ou seja, os municípios que até aquela data foram criados, se desmembraram, incorporaram ou fundiram. Com outros municípios que queiram modificar o seu espaço territorial, o Legislativo continuará em mora inconstitucional.
>
> Ademais, deve-se reconhecer que não há um consenso constitucional sobre o conteúdo da lei, não se trata de má vontade de fazê-la. Isto, pois, conseguiu fazer o mais difícil, em relação numérica, que é modificar a Constituição, cujo quórum é de três quintos, enquanto seria mais fácil criar uma lei complementar, cujo quórum é de maioria absoluta. (FERRREIRA, 2014, p. 175)

Assim, a declaração de inconstitucionalidade sem pronúncia de nulidade é modalidade decisória que promove o diálogo constitucional, tendo em vista que a resposta à decisão do Supremo Tribunal Federal é referente à técnica. E, no presente caso, Bateup (2006 apud FERREIRA, 2014, p. 176) defende que se está diante de um *constitucional roadmaps*, uma vez que a corte constitucional traça o caminho que deverá ser seguido pelo legislador para que seja declarada constitucional.

Deste modo, o diálogo institucional se deu, primeiro, pela impugnação da lei baiana que criou o município de Luis Eduardo Magalhães, no Estado da Bahia. Após, houve atuação do Judiciário na ADI nº 2240/BA que impôs o prazo de vinte e quatro meses para que o Congresso Nacional confeccionasse a norma regulamentar do artigo 18, §4º, da Constituição Federal, sob pena de declaração de nulidade. E houve uma resposta final pelo Legislativo, embora dissonante ao traçado pelo Supremo Tribunal Federal, editando-se a Emenda Constitucional nº 57 de 2009, a qual convalidou os municípios criados, embora sem solução quanto à lei complementar essencial para sanar novas questões relativas ao artigo 18, §4º, da Constituição Federal.

Conquanto a convalidação dos municípios criados, com vício de inconstitucionalidade, até 31 de dezembro de 2006 não tenha sido a resposta mais satisfatória:

[...] ao menos o Congresso Nacional foi instado pelo STF a manifestar-se sobre assunto altamente controvertido, algo que provavelmente não ocorreria (ou ao menos tardaria a ocorrer) caso a decisão do STF não tivesse colocado o tema na agenda pública" (BRANDÃO, 2012, p. 298-299).

## 7.3.2. Ação Direta de Inconstitucionalidade nº 4650 DF: financiamento de campanhas eleitorais

A Ação Direta de Inconstitucionalidade nº 4650[26], proveniente do Distrito Federal, foi ajuizada pelo Conselho Federal da Ordem dos Advogados do Brasil em face dos artigos 23, §1º, incisos I e II, 24 e 81, *caput*, da Lei nº 9.504/1997 (Lei das Eleições) e dos artigos 31, 38, inciso III, e 39, *caput* e §5º, da Lei nº 9.096/1995 (Lei dos Partidos Políticos), os quais permitem doações financeiras de pessoas jurídicas de direito privado, posto que não estão elencadas no rol de entidades da sociedade civil proibidas de financiarem campanhas eleitorais. Requereu fosse declarada a inconstitucionalidade parcial sem redução de texto.

A argumentação levada a efeito pela Ordem dos Advogados do Brasil fundou-se nos princípios da isonomia, republicano e democrático.

Quanto à isonomia, arguiu que inevitavelmente a desigualdade econômica é transposta ao campo político, de modo a favorecer a amplificação da influência do detentor de maior poder econômico sobre maior número de pessoas, comparativamente a outros candidatos com menor disponibilidade financeira, os quais deixam de exercer sua influência sobre grande número de pretensos eleitores. E, segundo dados anexados pela OAB, o percentual de contribuintes pessoas naturais a campanhas eleitorais é expressivamente menor (5% do total) do que o montante arrecadado por contribuições de

---

[26] BRASIL. Supremo Tribunal Federal. *Ação Direta de Inconstitucionalidade nº 4650 Distrito Federal*. Requerente: Conselho Federal da Ordem dos Advogados do Brasil. Relator: Ministro Luiz Fux. Brasília, DF, 17 de setembro de 2015. *Diário do Judiciário Eletrônico e Diário Oficial da União*. Brasília, 08 mar. 2016. n. 34.

pessoas jurídicas de direito privado (representam 95% do total). E isso não se deveria propriamente ao vultoso dispêndio das empresas, mas pela opção de grande parte dos cidadãos em não quererem dispor de recursos próprios para o financiamento de campanhas de candidatos (AGRA, 2017; FERNANDES, 2016).

Relativamente ao princípio republicano, a OAB asseverou que as doações destinadas às campanhas políticas, num cenário de corrupção generalizada e degeneração da democracia, são utilizadas como moedas de troca, a serem compensadas pelos representantes eleitos a partir do momento em que assumissem seus cargos públicos. Deste modo, o importante não estaria na vontade popular, mas no manche dos interesses econômicos, que guiam um processo de interferência e deformação do processo eleitoral brasileiro. A despeito de reconhecer que o financiamento privado de campanhas é apenas um dos canais para o fortalecimento do princípio republicano, revela que pode ser ponto relevante para auxiliar a reversão da falta de impessoalidade no âmbito da Administração Pública (FERNANDES, 2016).

Por fim, destaca que admitir o financiamento de campanhas eleitorais por pessoas jurídicas de direito privado representa burla ao princípio democrático, pois é dever do sistema a proteção suficiente do cidadão em face da influência e do abuso do poder econômico. Não pode ser admitido que a insuficiência legislativa sobre a questão provoque prejuízos ao cidadão e, consequentemente, a toda a coletividade, na medida em que, prescreve o artigo 1º, §1º, da Constituição da República, "todo poder emana do povo, que o exerce por meio de representantes eleitos ou diretamente, nos termos desta Constituição"[27] (AGRA, 2017; FERNANDES, 2016).

O Plenário do Supremo Tribunal Federal, em sessão realizada no dia 17 de setembro de 2015, por maioria dos votos e com fundamento no voto do ministro relator Luiz Fux, julgou procedente em parte o pedido formulado na ADI nº 4650/DF para declarar a inconstitucionalidade dos dispositivos legais que autorizavam as contribuições de pessoas jurídicas às campanhas eleitorais, restando vencidos, em extensão menor, os ministros Teori Zavascki, Celso de Mello e Gilmar Mendes, que davam interpretação conforme, nos termos do voto do primeiro. Ausentes os ministros Dias Toffoli e

---

[27] BRASIL. Constituição Federal de 1988. *Constituição da República Federativa do Brasil.* Brasília: Câmara dos Deputados, 1988.

Luís Roberto Barroso. Insta salientar que, quanto às pessoas físicas, as contribuições destinadas ao financiamento das campanhas eleitorais continuaram válidas e reguladas pela legislação eleitoral em vigor[28].

Na mesma oportunidade, o Pleno tratou sobre a modulação dos efeitos da declaração de inconstitucionalidade, que foi rejeitada por não ter alcançado o número suficiente exigido pelo artigo 27 da Lei 9.868/99. Por isso, a decisão proferida pelo Supremo Tribunal Federal aplicou-se imediatamente às eleições de 2016 e seguintes, independentemente de publicação do acórdão.

O ministro relator Luiz Fux entendeu, em voto de extenso e fundamentado embasamento, que, nas atuais condições de expressão democrática, em que se verifica um quadro obscuro de captura ilícita do poder político pelo poder econômico, a vedação de contribuições de empresas privadas ao financiamento de campanhas eleitorais levaria à maior isonomia na disputa eleitoral entre partidos e entre candidatos.

O ministro Teori Zavascki votou no sentido de vedar as contribuições de pessoas jurídicas ou de suas controladas e coligadas que mantenham contratos onerosos celebrados com a Administração Pública e a contribuição de pessoas jurídicas a partidos e candidatos diferentes que competirem entre si. Ademais, entendeu que as pessoas jurídicas que financiassem campanhas políticas deveriam ser proibidas de celebrar contratos com a Administração Pública até o término da gestão cujos candidatos foram financiados. O ministro inscrever como sugestão que as novas vedações fossem inseridas pelo Legislativo no artigo 24 da Lei nº 9.504/1997 e no artigo 31 da Lei nº 9.096/1996, pois a Constituição veda o privilégio de pessoas jurídicas de direito privado no âmbito da Administração Pública.

A ministra Rosa Weber fixou voto mais amplo para salientar que o texto constitucional possui dispositivo expresso para que a legislação eleitoral proteja a legitimidade e a normalidade dos pleitos eleitorais contra quaisquer tipos de influências do poder econômico, que podem interferir no jogo político eleitoral.

---

[28] BRASIL. SUPREMO TRIBUNAL FEDERAL. *STF conclui julgamento sobre financiamento de campanhas eleitorais*. Quinta-feira, 17 de setembro de 2015. Disponível em: <http://www.stf.jus.br/portal/cms/verNoticiaDetalhe.asp?idConteudo=300015>. Acesso em: 30 jun. 2017.

A ministra Cármen Lúcia frisou o povo como fonte do poder e a importância da lisura do processo eleitoral na democracia brasileira, tendo em vista que a participação popular é pré-condição de cidadania. A ministra sublinhou que a influência do poder econômico desiguala candidatos e partidos concorrentes e estimula a representação de interesses privados, subvertendo-se o interesse legítimo da democracia.

O ministro Gilmar Mendes, acompanhando a divergência aberta pelo ministro Teori Zavascky se colocou contrário à proibição de doações eleitorais por pessoas jurídicas de direito privado, dispondo que as doações privadas criam a efetiva competição eleitoral no país e que sustentar o contrário beneficiaria apenas o Partido dos Trabalhadores, que não necessitaria de maiores contribuições por ter sido financiado com recursos provenientes de desvio de dinheiro público.

O ministro Celso de Mello divergiu da maioria ao enfatizar que a Lei Maior não veda a influência do interesse privado sobre o interesse público, mas torna defeso o exercício abusivo do poder econômico. Reconhece que todas as pessoas jurídicas de direito privado possuem interesses legítimos amparados pelo sistema jurídico pátrio e, por isso, podem ser efetuados de forma transparente e submetidos a controle do Ministério Público, dos demais partidos e dos candidatos. Desta feita, não haveria razão para deixar de reconhecer a possibilidade de contribuição de empresas privadas ao pleito eleitoral num cenário de efetivo controle que refreie o abuso de poder econômico.

Os votos acima relacionados demonstram a ausência de efetiva unidade argumentativa das decisões proferidas por órgãos colegiados, o que dificulta a análise sobre os precisos fundamentos que determinaram a decisão. Esta realidade denota uma dificuldade já tratada e que é representativa da escolha jurisdicional brasileira (FERNANDES, 2016).

Não obstante esta constatação, os fundamentos dos votos dos ministros da Corte Suprema não parecem divergir significativamente sobre o prejuízo da preponderância das doações empresariais à legitimidade democrática das eleições e que o único modo de incentivar a agenda política sobre o tema no Congresso Nacional era adotar uma postura mais severa diante das distorções verificadas, uma vez que o debate parlamentar sobre estas questões estava estagnado.

Deste modo, segundo o ministro relator, seria a maneira mais efetiva de incentivar novas rodadas deliberativas sobre as questões controvertidas (AGRA, 2017; FERNANDES, 2016).

No cenário fático, a ADI 4650/DF atingiu o objetivo traçado pelo ministro relator, qual seja, reavivar o debate sobre o financiamento eleitoral de campanhas políticas, tendo como resultado principal a edição de lei de reforma do sistema político eleitoral com novidades, dentre as quais, as doações de pessoas jurídicas, com novas balizas legais. Mesmo assim, a regra dependia de sanção da Presidente da República, que vetou o trecho que permite as doações empresariais, com base nas premissas fixadas pelo Supremo Tribunal Federal. Todavia, as inovações positivas foram implementadas, dentre as quais, a adoção de um teto de gastos eleitorais como ferramenta de inibição ao abuso do poder econômico. E, subsidiariamente, as discussões sobre o fim da reeleição dos cargos de chefe do Poder Executivo ganharam terreno com a Proposta de Emenda à Constituição nº 113/2015, com o fito de reduzir os desequilíbrios eleitorais pela vantagem que a máquina pública proporciona ao candidato à reeleição (FERNANDES, 2016).

Embora não tenha alcançado os pontos cruciais de reforma robusta dos sistemas eleitorais, o diálogo institucional construtivo foi promovido na ADI 4650/DF, pois instou o Congresso Nacional à discussão sobre temas sensíveis da reforma eleitoral, como pretendia o ministro relator Luiz Fux, quando aduz sobre o papel do Supremo Tribunal Federal de abrir os canais de diálogo e outros fóruns de discussão com os demais atores políticos:

> 3. A Constituição da República, a despeito de não ter estabelecido um modelo normativo pré-pronto e cerrado de financiamento de campanhas, forneceu uma moldura que traça limites à discricionariedade legislativa, com a positivação de normas fundamentais (e.g., princípio democrático, o pluralismo político ou a isonomia política), que norteiam o processo político, e que, desse modo, reduzem, em alguma extensão, o espaço de liberdade do legislador ordinário na elaboração de critérios para as doações e contribuições a candidatos e partidos políticos.
> 4. O hodierno marco teórico dos diálogos

constitucionais repudia a adoção de concepções juriscêntricas no campo da hermenêutica constitucional, na medida em que preconiza, descritiva e normativamente, a inexistência de instituição detentora do monopólio do sentido e do alcance das disposições magnas, além de atrair a gramática constitucional para outros fóruns de discussão, que não as Cortes.

5. O desenho institucional erigido pelo constituinte de 1988, mercê de outorgar à Suprema Corte a tarefa da guarda precípua da Lei Fundamental, não erigiu um sistema de supremacia judicial em sentido material (ou definitiva), de maneira que seus pronunciamentos judiciais devem ser compreendidos como última palavra provisória, vinculando formalmente as partes do processo e finalizando uma rodada deliberativa acerca da temática, sem, em consequência, fossilizar o conteúdo constitucional.

6. A formulação de um modelo constitucionalmente adequado de financiamento de campanhas impõe um pronunciamento da Corte destinado a abrir os canais de diálogo com os demais atores políticos (Poder Legislativo, Executivo e entidades da sociedade civil)[29]. (grifos nossos)

A ADI nº 4650/DF, desde o princípio, abre o diálogo institucional, entendendo-o benéfico ao desenvolvimento da matéria no campo da hermenêutica constitucional. É diferente das demais ações diretas tratadas anteriormente, pois se desvincula da concepção juriscêntrica do Supremo Tribunal Federal como instituição possuidora do monopólio do sentido e alcance das normas constitucionais, para assumir o caráter político da instituição de atrair a controvérsia a outros centros de discussão, diversos das cortes.

O ministro relator Luiz Fux assume, inclusive, que o desenho

---

[29] BRASIL. Supremo Tribunal Federal. *Ação Direta de Inconstitucionalidade nº 4650 Distrito Federal.* Requerente: Conselho Federal da Ordem dos Advogados do Brasil. Relator: Ministro Luiz Fux. Brasília, DF, 17 de setembro de 2015. *Diário do Judiciário Eletrônico e Diário Oficial da União.* Brasília, 08 mar. 2016. n. 34. Acórdão. p. 3-4.

institucional brasileiro não prevê um sistema de supremacia judicial, em sentido material, mas que o Supremo Tribunal Federal deve dar a última palavra provisória por meio de seus pronunciamentos judiciais, para contribuir efetivamente com o fortalecimento dos princípios da isonomia, republicano e democrático pela participação do Poder Legislativo, Executivo e de entidades da sociedade civil.

Este posicionamento desafia a concepção de que o desenho institucional brasileiro não admite os diálogos institucionais pelo que está inscrito na Constituição Federal ou nos documentos positivos de controle de constitucionalidade, mas que são absolutamente compatíveis com o sistema brasileiro, o que se comprovou pelos fatos supramencionados e, até mesmo, pelo apego à participação deliberativa, mesmo dentro da Corte Constitucional, pelo uso das audiências públicas e da intervenção de *amici curiae* (Secretaria Executiva do Comitê Nacional do Movimento de Combate à Corrupção Eleitoral, Partido Socialista dos Trabalhadores Unificado – PSTU, Conferência Nacional dos Bispos do Brasil – CNBB, Instituto dos Advogados Brasileiros – IAB, Instituto de Pesquisa, Direitos e Movimentos Sociais – IPDMS e Clínica de Direitos Fundamentais da Faculdade de Direito da Universidade do Estado do Rio de Janeiro – Clínica UERJ Direitos).

### 7.3.3. Ação Direta de Inconstitucionalidade nº 5105 DF: direito de antena e de acesso aos recursos do fundo partidário

O Plenário do Supremo Tribunal Federal, em junho de 2012, ao proferir o julgamento nas ADIs nº 4430/DF e 4795/DF, declarou a inconstitucionalidade de dispositivos da Lei nº 9.504/1997 (Lei das Eleições). Em outubro de 2013, o Congresso Nacional houve por bem superar a interpretação legislativa conferida pela Corte por meio da edição da Lei nº 12.875/2013, que trouxe novas alterações à Lei das Eleições, restabelecendo regras que foram declaradas inconstitucionais pelo Supremo Tribunal Federal no julgamento das aludidas ações diretas.

Sendo assim, a ADI nº 5105/DF[30] foi ajuizada pelo Partido

---

[30] BRASIL. Supremo Tribunal Federal. *Ação Direta de Inconstitucionalidade nº 5105*. Requerente: Solidariedade. Relator: Ministro Luiz Fux. Brasília, DF, 01 de outubro

Solidariedade (SDD) em face dos artigos 1º e 2º da Lei nº 12.875/2013, que trouxeram limitações de acesso de novas legendas, criadas após a realização de eleições para a Câmara dos Deputados, ao Fundo Partidário e à propaganda eleitoral.

A controvérsia constitucional alegada pelo partido arguente é de que os artigos citados estão em afronta direta aos artigos 1º, inciso V e parágrafo único, 5º, *caput*, e 17, *caput* e §3º, da Constituição Federal, os quais prevêem o regime democrático, representativo e pluripartidário, bem como a isonomia e liberdade no âmbito da criação de novas legendas. Deste modo, a nova lei diferencia siglas novas de siglas originárias de fusão ou incorporação, que possuem direito à participação no rateio dos recursos do Fundo Partidário e à propaganda eleitoral.

Cumpre destacar que o ministro relator Luiz Fux, em abril de 2014, decidiu pela adoção do rito simplificado do artigo 12 da Lei nº 9.868/1999, a fim de que a ação direta fosse julgada diretamente no mérito pelo Plenário do Supremo Tribunal Federal, sem análise antecedente do pleito liminar. Em razão desta opção, em 01 de outubro de 2015, o Pleno do STF declarou, por maioria e nos termos do voto do relator, a inconstitucionalidade das regras que limitam o acesso de novas siglas ao Fundo Partidário e à propaganda eleitoral gratuita no rádio e na televisão, vencidos os ministros Edson Fachin, Teori Zavaski, Gilmar Mendes, Celso de Mello e o Presidente Ricardo Lewandowski[31].

Nos termos do voto do ministro relator Luiz Fux, seguido pelos ministros Luís Roberto Barroso, Rosa Weber, Dias Toffoli, Cármen Lúcia e Marco Aurélio, o objetivo da legislação impugnada foi promover a superação do precedente jurisprudencial por ocasião das ADIs 4430/DF e 4795/DF. Além disso, afirma que a justificativa legislativa para a criação da lei ordinária foi absolutamente insuficiente para explicar a inovação legislativa trazida pela Lei nº 12.875/2013. Por isso, não haveria de se rever o posicionamento adotado pelo Supremo Tribunal Federal quanto à

---

de 2015. *Diário do Judiciário Eletrônico e Diário Oficial da União.* Brasília, 16 mar. 2016. n. 49.

[31] BRASIL. Supremo Tribunal Federal. *STF invalida regras que restringem acesso de novos partidos ao Fundo Partidário e à propaganda eleitoral.* Quinta-feira, 01 de outubro de 2015. Disponível em: < http://www.stf.jus.br/portal/cms/verNoticiaDetalhe.asp?idConteudo=300922>. Acesso em: 30 jun. 2017.

inconstitucionalidade da retirada do acesso aos recursos do Fundo Partidário e ao direito de divisão isonômica do tempo de rádio e televisão, que permanece em afronta às garantias constitucionais que fundamentaram a decisão pretérita (INFORMATIVO STF, 2015).

O relator compreendeu ser inadmissível que não seja conferida representatividade ao parlamentar pela simples razão de pertencer a partido político com restrições orçamentárias e de direito de antena, especialmente porque não se elege a legenda, mas o parlamentar, que perde suas prerrogativas de representatividade política. Deste modo, a criação de novas siglas seria desestimulada de forma transversa, sem obediência às garantias expressamente dispostas na Constituição da República.

Por fim, considerou que a evidência da inconstitucionalidade das normas impugnadas impede que o legislador conduza a prerrogativa de edição de leis infraconstitucionais com intuito de alterar a interpretação constitucional da Corte, que tão somente poderia ser utilizada em situações excepcionais, com a cautela e justificação exaustiva.

Em tese, o Congresso Nacional pode editar uma lei em sentido contrário ao que foi decidido pelo STF no julgamento de uma ação direta. Isso decorre da desvinculação do Poder Legislativo aos efeitos da decisão do STF, pois também é intérprete autêntico da Constituição, razão pela qual pode editar lei ou emenda à Constituição para buscar superar entendimento anterior da Corte Suprema, suscitando novo pronunciamento judicial, o que é denominado reação legislativa ou superação legislativa. Trata-se de fenômeno de ativismo congressual para reverter jurisprudência antidialógica, em defesa do princípio da separação dos poderes, devendo ser utilizada em situações excepcionais de identificação de autoritarismo judicial (CAVALCANTE, 2015).

No caso concreto, a lei ordinária federal teria nascido dotada de presunção de inconstitucionalidade, ao violar decisão do STF em sede de controle concentrado sem que trouxesse qualquer novidade legislativa, o que constitui "atentado à dignidade da jurisdição do Supremo Tribunal Federal"[32].

---

[32] BRASIL. Supremo Tribunal Federal. *Ação Direta de Inconstitucionalidade n° 5105.* Requerente: Solidariedade. Relator: Ministro Luiz Fux. Brasília, DF, 01 de outubro de 2015. *Diário do Judiciário Eletrônico e Diário Oficial da União.* Brasília, 16 mar. 2016. n. 49.

Entretanto, a divergência foi aberta pelo ministro Edson Fachin, seguida pelos ministros Teori Zavascki, Gilmar Mendes, Celso de Mello e o presidente do Supremo Tribunal Federal, Ricardo Lewandowski (INFORMATIVO STF, 2015).

O ministro condutor dos votos vencidos sustentou que a nova legislação inovou ao deixar de suprimir aos novos partidos políticos o direito de antena e de acesso aos recursos do Fundo Partidário, pois lhes assegurou uma parcela sobre os 5% (cinco por cento) do Fundo Partidário resultantes da divisão igualitária entre todos os partidos registrados no Tribunal Superior Eleitoral[33].

A lei apenas teria assegurado maior parcela de tempo de rádio e televisão e de acesso ao Fundo Partidário aos partidos resultados de fusões ou incorporações que tenham recebido parlamentares de partidos originários do processo de fusão e de incorporação. Desse modo, apenas disciplinou temática normalmente posta à resolução pela jurisprudência e por atos normativos do Tribunal Superior Eleitoral. Não haveria divergência com a orientação emanada pelo STF, pois estaria na mesma linha das decisões sobre a infidelidade partidária, em que o desligamento do parlamentar de uma legenda promove o cômputo da vaga para o partido de origem[34].

O Supremo Tribunal Federal não está obrigado a julgar a nova lei inconstitucional, em caso de reação legislativa, pois é perfeitamente possível que a Corte introduza nova interpretação ou aperfeiçoe sua jurisprudência, diferentemente do decidido anteriormente, embora não seja a solução mais comum. Ao manter o entendimento o tribunal também está adotando uma postura de diálogo, ao fornecer condições para nova rodada deliberativa sobre as questões propostas (SARMENTO; SOUZA NETO, 2012).

No presente caso, a Corte fixou entendimento, como no tópico

---

[33] BRASIL. Supremo Tribunal Federal. *STF invalida regras que restringem acesso de novos partidos ao Fundo Partidário e à propaganda eleitoral.* Quinta-feira, 01 de outubro de 2015. Disponível em: < http://www.stf.jus.br/portal/cms/verNoticiaDetalhe.asp?idConteudo=300922>. Acesso em: 30 jun. 2017.

[34] BRASIL. Supremo Tribunal Federal. *STF invalida regras que restringem acesso de novos partidos ao Fundo Partidário e à propaganda eleitoral.* Quinta-feira, 01 de outubro de 2015. Disponível em: < http://www.stf.jus.br/portal/cms/verNoticiaDetalhe.asp?idConteudo=300922>. Acesso em: 30 jun. 2017.

precedente, de que não é adequado ao funcionamento das instituições democráticas e ao processo republicano que a última palavra sobre a Constituição reste atribuída a um único órgão. Abre-se a hermenêutica constitucional para o diálogo, sem que qualquer uma das instituições carregue o elevado peso do direito de erro por último. O diálogo está configurado, sobretudo, pois o STF, para declarar uma nova lei inconstitucional, detém o dever de raciocinar acerca das justificativas lançadas pelo Congresso Nacional ou agregados pela opinião pública para escorar o novo ato legislativo (SARMENTO; SOUZA NETO, 2012, p. 401-405).

No caso concreto, nas razões do voto, o ministro Luiz Fux asseverou que o STF deve observar a flexibilização do dogma constitucional da última palavra, para construir a concepção de "última palavra provisória", reiniciando-se os debates com as demais instituições e as entidades da sociedade civil, conforme se observa:

> 2. O princípio fundamental da separação de poderes, enquanto cânone constitucional interpretativo, reclama a pluralização dos intérpretes da Constituição, mediante a atuação coordenada entre os poderes estatais – Legislativo, Executivo e Judiciário – e os diversos segmentos da sociedade civil organizada, em um processo contínuo, ininterrupto e republicano, em que cada um destes players contribua, com suas capacidades específicas, no embate dialógico, no afã de avançar os rumos da empreitada constitucional e no aperfeiçoamento das instituições democráticas, sem se arvorarem como intérpretes únicos e exclusivos da Carta da República.
> 3. O desenho institucional erigido pelo constituinte de 1988, mercê de outorgar à Suprema Corte a tarefa da guarda precípua da Lei Fundamental, não erigiu um sistema de supremacia judicial em sentido material (ou definitiva), de maneira que seus pronunciamentos judiciais devem ser compreendidos como última palavra provisória, vinculando formalmente as partes do processo e finalizando uma rodada deliberativa acerca da temática, sem, em consequência, fossilizar o

conteúdo constitucional.

4. Os efeitos vinculantes, ínsitos às decisões proferidas em sede de fiscalização abstrata de constitucionalidade, não atingem o Poder Legislativo, ex vi do art. 102, § 2º, e art. 103-A, ambos da Carta da República.

5. Consectariamente, a reversão legislativa da jurisprudência da Corte se revela legítima em linha de princípio, seja pela atuação do constituinte reformador (i.e., promulgação de emendas constitucionais), seja por inovação do legislador infraconstitucional (i.e., edição de leis ordinárias e complementares), circunstância que demanda providências distintas por parte deste Supremo Tribunal Federal. 5.1. A emenda constitucional corretiva da jurisprudência modifica formalmente o texto magno, bem como o fundamento de validade último da legislação ordinária, razão pela qual a sua invalidação deve ocorrer nas hipóteses de descumprimento do art. 60 da CRFB/88 (i.e., limites formais, circunstanciais, temporais e materiais), encampando, neste particular, exegese estrita das cláusulas superconstitucionais. 5.2. A legislação infraconstitucional que colida frontalmente com a jurisprudência (leis in your face) nasce com presunção iuris tantum de inconstitucionalidade, de forma que caberá ao legislador ordinário o ônus de demonstrar, argumentativamente, que a correção do precedente faz-se necessária, ou, ainda, comprovar, lançando mão de novos argumentos, que as premissas fáticas e axiológicas sobre as quais se fundou o posicionamento jurisprudencial não mais subsistem, em exemplo acadêmico de mutação constitucional pela via legislativa. Nesse caso, a novel legislação se submete a um escrutínio de constitucionalidade mais rigoroso, nomeadamente quando o precedente superado amparar-se em cláusulas pétreas.

6. O dever de fundamentação das decisões judicial, inserto no art. 93 IX, da Constituição, impõe que o Supremo Tribunal Federal enfrente

> novamente a questão de fundo anteriormente
> equacionada sempre que o legislador lançar mão
> de novos fundamentos[35]. (grifos nossos)

Por conseguinte, o ministro Luiz Fux constrói o significado de "diálogos institucionais" como a possibilidade de o Congresso contrariar entendimentos do Supremo Tribunal Federal pela via da legislação ordinária. A temática da restrição aos direitos de antena (tempo de rádio e televisão) e aos recursos do Fundo Partidário serve como paradigmas concretos das tensas relações entre parlamento e corte constitucional (SILVEIRA, 2016). Não obstante o referido ministro afirmar a existência de diálogos constitucionais, o exame de mérito de seu voto denota a baixa qualidade da construção argumentativa promovida pelos parlamentares, posto que a nova lei não acrescentou novas justificativas no momento de sua edição.

E para reforçar a admissibilidade dos diálogos pelo próprio texto constitucional, sem que um órgão fornecesse sozinho uma solução de definitividade, elenca que a Constituição alberga três situações compatíveis ao aproveitamento das capacidades institucionais:

> Em primeiro lugar, os efeitos vinculantes das decisões proferidas em sede de controle abstrato não atingem o Legislativo (CF, artigos 102, § 2º; e 103-A), de modo a ser perfeitamente possível a edição de emendas constitucionais ou leis ordinárias acerca do assunto objeto de pronunciamento judicial. Em segundo lugar, o dever de fundamentação das decisões judiciais (CF, art. 93, IX), impõe que o STF, mesmo nas hipóteses de correção legislativa de sua jurisprudência, enfrente a controvérsia à luz dos novos argumentos expendidos pelo legislador para reverter o precedente. Além disso, desconsiderar que as demais instituições sejam intérpretes autorizados da Constituição poderia propiciar certa acomodação ou desinteresse nos

---

[35] BRASIL. Supremo Tribunal Federal. *Ação Direta de Inconstitucionalidade nº 5105.* Requerente: Solidariedade. Relator: Ministro Luiz Fux. Brasília, DF, 01 de outubro de 2015. *Diário do Judiciário Eletrônico e Diário Oficial da União.* Brasília, 16 mar. 2016. n. 49.

demais atores em interpretar o texto constitucional (INFORMATIVO STF, 2015, s. p.).

Em síntese, na hipótese evidenciada, o STF pretendeu atuar como fomentador deliberativo, promovendo a interação e o diálogo institucional, de modo a maximizar a qualidade democrática na obtenção dos melhores resultados em termos de hermenêutica constitucional. Portanto, o parlamento poderia, por emenda constitucional (em que se modifica o próprio parâmetro ou sustentáculo da jurisprudência) ou lei ordinária (uma novel legislação que pode ser submetida ao escrutínio de constitucionalidade, desta vez ainda mais rigoroso), superar a jurisprudência, reclamando posturas distintas da Corte.

## 7.4. Ação Direta de Inconstitucionalidade nº 4983 CE: caso da vaquejada e os diálogos institucionais no constitucionalismo de conflito

O caso mais recente, que rende estudos acerca da aplicação ou não da teoria dos diálogos institucionais, é o *hard case* da vaquejada. Antes de mais, cumpre destacar o que é vaquejada, o posicionamento assumido pelo Supremo Tribunal Federal e as reações percebidas nas demais instâncias deliberativas.

Nos termos de Cavalcante (2017), a vaquejada é um costume ou prática cultural comum em Estados do nordeste brasileiro, sobretudo, na Bahia, em Alagoas, na Paraíba, no Rio Grande do Norte e no Ceará. Na prática, a sistemática cultural funciona da seguinte maneira:

> Na vaquejada, dois vaqueiros, cada um montado em seu cavalo, perseguem o boi na arena e, após emparelhá-lo com os cavalos, tentam conduzi-lo até uma região delimitada, onde deverão derrubar o boi puxando-o pelo rabo.
>
> Se o boi, quando foi derrubado, ficou, ainda que por alguns instantes, com as quatro patas para cima antes de se levantar, o juiz declara ao

público 'Valeu boi!' e a dupla recebe os pontos. Se o boi caiu, mas não ficou com as patas para cima, o juiz anuncia 'Zero!', e a dupla não pontua. (CAVALCANTE, 2017, s. p.)

Utilizando os parâmetros para definição de um caso difícil, os quais já foram explanados, neste caso há ambiguidade da linguagem, colisão de direitos fundamentais e desacordo moral razoável (BARROSO, 2012b, p. 32-34).

Quanto à linguagem ambígua, o texto constitucional consagra a proteção da fauna e da flora, de modo que seria preciso determinar se o sentido e alcance do direito ao meio ambiente englobava ou não a prática da vaquejada.

No tocante à colisão de direitos fundamentais, há conflito de normas constitucionais, posto que, de um lado, a Constituição da República, em seu artigo 225, §1º, inciso VII, veda práticas que submetam os animais à crueldade, consignando que *"Incumbe ao Poder Público [...] proteger a fauna e a flora, vedadas, na forma da lei, as práticas que coloquem em risco a sua função ecológica, provoquem a extinção de espécies ou submetam os animais à crueldade*. E de outro, garante o exercício pleno dos direitos e manifestações culturais e designa ao Estado o dever de proteger as manifestações de culturas populares, por força do artigo 215, *caput* e § 1º, da Lei Fundamental, na literalidade:

> Art. 215. O Estado garantirá a todos o pleno exercício dos direitos culturais e acesso às fontes da cultura nacional, e apoiará e incentivará a valorização e a difusão das manifestações culturais.
>
> §1º O Estado protegerá as manifestações das culturas populares, indígenas e afro-brasileiras, e das de outros grupos participantes do processo civilizatório nacional.[36]

Por fim, há um desacordo moral razoável, pois em todas as questões que envolvem a vaquejada, contrapõem-se: (i) os defensores da prática cultural, os quais alegam que os animais não sofrem maus tratos, que a prática é antiga e pertencente ao patrimônio cultural do

---

[36] BRASIL. Constituição Federal de 1988. *Constituição da República Federativa do Brasil*. Brasília: Câmara dos Deputados, 1988.

nordeste e que, tecnicamente, é um esporte gerador de numerosos empregos na aludida região do Brasil; (ii) e os protetores dos animais, os quais consideram que os animais são submetidos a maus tratos, uma vez que facilmente se verificam sequelas provenientes de agressões e elevado estresse.

Instaurada a celeuma constitucional, o Procurador-Geral da República (PGR) ajuizou a Ação Direta de Inconstitucionalidade n° 4983[37], proveniente do Ceará, em face da edição da Lei Estadual n° 15.299/2013, que regulamentou a atividade da vaquejada no Estado, fixou critérios objetivos à competição e impôs a adoção de medidas protetivas aos vaqueiros, à plateia e aos animais envolvidos.

O PGR asseverou que a vaquejada acarreta danos irreversíveis e crueldade sem precedentes aos animais que, antes mesmo da prática efetiva, são submetidos a enclausuramento e a açoites com fito de instigá-lo a entrar agitado na arena da competição, o que fere, em concreto, o artigo 225, §1°, inciso VII, da Constituição Federal. Para isso, o PGR juntou laudos técnicos comprobatórios das diversas conseqüências nocivas à saúde dos bovinos.

O Plenário do Supremo Tribunal Federal julgou a Ação Direta de Inconstitucionalidade procedente, por maioria de votos, em placar justo (6 votos favoráveis – Ministros Marco Aurélio Mello, Luís Roberto Barroso, Rosa Weber, Ricardo Lewandowski, Celso de Mello e Carmen Lúcia – a 5 contrários – Ministros vencidos: Edson Fachin, Teori Zavascki, Luiz Fux, Dias Toffoli e Gilmar Mendes).

Em síntese, o Plenário decidiu que é inconstitucional a lei estadual que regulamenta e disciplina outros aspectos sobre a atividade da vaquejada. Entendeu que os animais envolvidos na prática sofrem tratamento cruel, razão pela qual contraria o artigo 225, §1°, inciso VII, da Constituição da República. A decisão proferida é válida apenas para a lei cearense, de modo que a prática da vaquejada em outro Estado da Federação não seria capaz de ensejar a propositura de reclamação ao Supremo Tribunal Federal para assegurar eventual cumprimento de suas decisões, como ficou decidido na Reclamação n° 25869, procedente do Piauí, julgada em 07 de dezembro de 2016, de relatoria do Ministro Teori Zavascki.

---

[37] BRASIL. Supremo Tribunal Federal. *Ação Direta de Inconstitucionalidade n° 4983*. Requerente: Procurador-Geral da República. Relator: Ministro Marco Aurélio Mello. Brasília, DF, 06 de outubro de 2016. *Diário do Judiciário Eletrônico e Diário Oficial da União*. Brasília, 27 abr. 2017. n. 87.

Deste modo, não se desqualificou a importância da vaquejada como manifestação da cultura regional e popular, porém a manifesta crueldade impõe que ela seja conduta intolerável e vedada à autorização pela norma estadual impugnada. Assim, a proteção constitucional da fauna e da flora é "direito fundamental de terceira geração, fundado na solidariedade, de caráter coletivo ou difuso, dotado de 'altíssimo teor de humanismo e universalidade'" (BONAVIDES, 2001, p. 523, apud CAVALCENTE, 2017).

Afirma o Ministro Marco Aurélio, relator da ADI 4983/CE:

> A obrigação de o Estado garantir a todos o pleno exercício de direitos culturais, incentivando a valorização e a difusão das manifestações, não prescinde da observância do disposto no inciso VII do § 1º do art. 225 da CF/88, que veda práticas que submetam os animais à crueldade[38].

Após a declaração de inconstitucionalidade da lei estadual cearense pelo Plenário do Supremo Tribunal Federal, houve um estímulo à colocação no debate político de questões ligadas a esta manifestação cultural. Outrossim, atesta-se o início das reações do Poder Legislativo contra a decisão primeva, por meio da edição da Lei nº 13.364 de 2016 no mês seguinte ao da decisão da corte, elevando o rodeio, a vaquejada, bem como as respectivas expressões artístico-culturais, à condição de manifestações da cultura nacional e de patrimônio cultural imaterial, como denotam os artigos 1º e 2º da referida legislação.

O juiz federal Cavalcante (2017) fundamenta a possibilidade da edição desta lei sem a ocorrência de contrariedade ao julgamento da ADI 4986/CE, pois este ficou restrito a uma lei em tese do Estado do Ceará, de modo que a limitação do efeito vinculante não impede a edição pelo Congresso Nacional ou por outros Estados da Federação de leis permissivas à vaquejada.

A Lei nº 13.364 de 2016, por si só, não possui força normativa suficiente para superar uma decisão do Supremo Tribunal Federal, uma vez que não havia lacuna sobre a proibição da vaquejada, mas a

---

[38] BRASIL. Supremo Tribunal Federal. *Ação Direta de Inconstitucionalidade nº 4983*. Requerente: Procurador-Geral da República. Relator: Ministro Marco Aurélio Mello. Brasília, DF, 06 de outubro de 2016. *Diário do Judiciário Eletrônico e Diário Oficial da União*. Brasília, 27 abr. 2017. n. 87.

inconstitucionalidade translúcida da prática cultural por burla ao artigo 225, §1º, inciso VII, da Constituição da República (CAVALCANTE, 2017).

Por isso, o Congresso Nacional resolveu emendar o texto constitucional, por meio da Proposta de Emenda à Constituição nº 50 de 2016 (PEC nº 50/2016) convertida na Emenda Constitucional 96 de 2017, para inserir a previsão expressa à permissão de realização de práticas desportivas com a utilização de animais, desde que sejam manifestações culturais. Nessa linha, a partir da inserção da previsão expressa, ao texto do artigo 225 da Lei Maior seria acrescido o §7º, com a subsequente redação:

> Para os fins do disposto na parte final do inciso VII do §1º deste artigo, não se consideram cruéis as práticas desportivas que utilizem animais, desde que sejam manifestações culturais, conforme o §1º do art. 215 desta Constituição Federal, registradas como bem de natureza imaterial integrante do patrimônio cultural brasileiro, devendo ser regulamentadas por lei específica que assegure o bem-estar dos animais envolvidos[39].

Reconhecida a vaquejada como expressão artístico-cultural, considerada manifestação da cultura nacional e patrimônio cultural imaterial, a edição da Emenda Constitucional 96 de 2017 cumpriu seu objetivo precípuo de superar uma decisão emanada pelo Supremo Tribunal Federal, proferida em 2016, a fim de afastar a declarada inconstitucionalidade pelo fato de a vaquejada gerar tratamento cruel aos bovinos, em evidente caso de reversão jurisprudencial por reação parlamentar. A EC 96/2017 ainda propiciará imenso debate meritório, pois poderá ser declarada inconstitucional, desde que o STF seja convocado a se manifestar sobre o seu impacto no núcleo intangível das cláusulas pétreas, em especial, sobre a vedação de edição de emenda à Constituição que suprima ou enfraqueça os direitos e garantias individuais, dentre os quais, o direito ao meio ambiente ecologicamente equilibrado.

Cavalcante (2017) filia-se ao posicionamento da EC 96/2017

---

[39] BRASIL. Constituição Federal de 1988. *Constituição da República Federativa do Brasil*. Brasília: Câmara dos Deputados, 1988.

como um exemplo de efeito *backlash*, nos termos da doutrina constitucionalista, ao compreender que a alteração na Constituição ocorreu como *"reação conservadora de parcela da sociedade ou das forças políticas (em geral, do parlamento) diante de uma decisão liberal do Poder Judiciário em um tema polêmico"* (s. p.).

Assim, o Supremo Tribunal Federal teria assumido a postura de vanguarda na defesa de direitos fundamentais, criticada massivamente por setores conservadores do parlamento, o que promove a pendência do eixo de influência do debate público para o encorajamento ao desafio à decisão da corte, a fim de assegurar maior espaço político propício ao uso eleitoral do discurso conservador por parcela dos representantes eleitos.

No entanto, acertadamente, Camargo, Vieira e Bacha e Silva (2017) discordam da existência do efeito *backlash*, pois o fenômeno apenas se manifesta após intenso debate suficientemente maduro e reação popular contrária à decisão acerca de matéria constitucional, de modo que exige fiel convicção do desacerto da decisão judicial. Não se trata de mera resistência à determinação judicial, como a verificada nesta hipótese, mas à resistência efetiva e refletida por meios legais de correção de uma decisão.

Nesse sentido, o *backlash*, como afirmam Lírio do Valle, Pulcinelli e Jaber (2016),

> [...] é a manifestação do dissenso quanto à interpretação pretoriana. Evidenciado o dissídio entre duas distintas interpretações constitucionais externas à Corte, ou mesmo quando uma delas seja por essa mesma estrutura de poder formulada, tem-se a eclosão da necessidade de formação de novos pontos comuns de compreensão, objeto que, atualmente, com freqüência se remete à análise jurisdicional (por vezes, repetidamente). (s. p.)

O Congresso Nacional pretendia, em lugar de promover o diálogo interinstitucional, buscar encerrar definitiva e açodadamente a discussão sobre a controvérsia constitucional, a despeito de não discutir o problema da crueldade com os animais como foi suscitado na declaração de inconstitucionalidade (CAMARGO; VIEIRA; BACHA E SILVA, 2017). Essa desnaturação do efeito *backlash* pode ser comprovada pela justificativa da PEC nº 50/2016:

> Em que pese não ter sido sequer publicado o acórdão, a notícia da decisão tomada pela Suprema Corte suscitou intensa polêmica entre os apoiadores da prática e os defensores dos direitos animais, e chegou mesmo a ensejar o anúncio da formação de uma Frente Parlamentar em Defesa da Vaquejada.
>
> Dessarte, a fim de encerrar a controvérsia que ainda cerca a questão, propõe-se a presente sugestão de emenda ao texto constitucional, por intermédio da qual se busca consignar na Lei Maior, com clareza, a permissão para que as práticas culturais de natureza imaterial que integram o patrimônio cultural brasileiro e comprovadamente não submetam os animais à crueldade possam se realizar sem óbices.[40] (grifo nosso) (CAMARGO; VIEIRA; BACHA E SILVA, 2017, s. p.)

Além disso, sob a ótica da teoria dos diálogos constitucionais, este caso denota a dificuldade do diálogo em meio a um constitucionalismo de conflito instaurado pela crise política nacional (CAMARGO; VIEIRA; BACHA E SILVA, 2017).

Portanto, ainda que se argua a possibilidade de se aventar a construção de um diálogo interinstitucional, a atuação dos atores constitucionais se aproxima de um monólogo, em que não há interação efetiva entre o debate aberto pelo Supremo Tribunal Federal e as demais instâncias de poder, até mesmo destes com os cidadãos brasileiros.

Camargo, Vieira e Bacha e Silva (2017), com aparente acerto, destacam que o resultado não poderia ser diferente num momento político difícil, motivador da expressão nefasta do constitucionalismo de conflito entre os poderes, que segrega e deslegitima a deliberação ou discussão sobre temas de envergadura nacional. Portanto, apontam com exatidão que:

---

[40] BRASIL. Congresso. Câmara dos Deputados. *Proposta de Emenda à Constituição nº 50*. Brasília-DF, 2016.

> [...] estamos em um momento político-jurídico nada propício ao diálogo, pois vivemos um constitucionalismo de conflito entre os poderes que, inclusive, já é até marco de nossa tradição histórica para lembrarmos de Floriano Peixoto e suas ameaças de descumprimento das decisões do STF, bem como o caso do Vapor Júpiter. Na atual quadra, recentemente o Supremo Tribunal Federal decidiu pela prisão preventiva de Senador em pleno exercício do mandato, também pela suspensão de mandato de Deputado e Senador. Em contrapartida, Presidente do Senado Federal ameaçou o descumprimento de decisão do STF.
> Portanto, difícil falar em diálogo institucional em meio a um constitucionalismo de conflito instaurado pela crise política instaurada entre nós que, tanto o Poder Legislativo quanto o Poder Judiciário, são evidentemente protagonistas e cúmplices do que a ciência política classificou como golpe parlamentar. (CAMARGO; VIEIRA; BACHA E SILVA, 2017, s. p.)

Por todo o exposto, conclui-se que o cerne das discussões pragmáticas brasileiras não seria nem mesmo acerca da instância responsável por dar a última palavra, mas em solucionar o impasse sobre os meios e formas pelas quais a sociedade e as instituições possibilitarão o alcance de uma decisão dialógica, bem como acerca da admissão ou não de outros atores sociais na elaboração da prestação jurisdicional para além do Poder Judiciário. Responder a tais indagações permitirá compreender melhor a teoria dos diálogos constitucionais, extraindo a essencialidade do debate sobre a última palavra a respeito de determinado tema, pois adotar o debate constante e participativo possibilita o combate à arbitrariedade e à subjetividade do monólogo em casos de alta complexidade jurídica e social.

Não se trata, portanto, da aplicação a qualquer custo ou mesmo idealista das teorias dialógicas, mas antes da percepção de que o protagonismo, no âmbito do constitucionalismo integrativo e cooperativo, deve recair sobre o corpo social, evitando-se a tomada de decisões solitárias e limitadas ao tecnicismo ou à deliberação democrática pura.

Nesse sentido, podem-se construir caminhos para evitar reações maléficas à inobservância dos diálogos institucionais, como o fenômeno do *backlash*, estudado alhures, e que é nítida conseqüência reativa da sociedade ou mesmo de uma elite política que, identificando a ilegitimidade do processo, o qual nada aproveitou de sua dialeticidade, obriga outros atores políticos a rediscutir as questões e confrontar as decisões tomadas pela corte. A referida situação deixa de poupar esforços e de moldar as melhores soluções em conjunto para as questões, de modo a ocasionar evidente desperdício da atuação de um ou de outro, a qual será confrontada diretamente no intuito de derrubar, por inteiro, o entendimento fixado.

Isso não significa que um ou outro Poder deva se curvar àquela decisão que melhor se harmoniza com o senso comum apenas para obter apoio, mas, antes de mais, compreender que é natural que existam reações, tal como *backlashes*, pois o Poder Judiciário deve exercer a sua característica, muitas vezes, contramajoritária, e compreender que a pretensão central é estimular a cautela decisória sobre questões morais, filosóficas e políticas complexas e controversas, reduzindo-se a indignação pública e ampliando-se a percepção dos argumentos fundamentais em jogo.

Para tanto, o diálogo institucional não possui plataforma fixa ou consiste em um modelo hermético com ferramentas delineadas, mas corresponde a uma saída argumentativa de aprimoramento decisório e que se reflete, no Brasil, em mecanismos como os institutos da interpretação conforme a Constituição, a modulação de efeitos das decisões tomadas em sede de controle concentrado de constitucionalidade e a declaração de inconstitucionalidade sem redução de texto.

O uso construtivo do silêncio, como proposto por Sunstein (2001), ao defender a premissa do minimalismo judicial, carrega a compreensão do caráter positivo do comedimento, sem deixar de solucionar a controvérsia, deixando espaço ao colóquio entre o legislador e a corte, como método válido para casos difíceis, aos quais a decantação de novos valores e o diálogo sejam estimulados como decorrência natural do processo. Ainda que aplicado na perspectiva maximalista, os diálogos institucionais promoveriam uma interação suficiente ao maior desempenho deliberativo no papel do aconselhamento da corte sobre determinadas matérias, sem descurar da atribuição essencial na solução de inação das virtudes passivas do parlamento.

O amadurecimento constitucional e institucional transita pela necessidade de incremento da legitimidade dos poderes constituídos e pelo encorajamento da honestidade judicial, de modo que o Supremo Tribunal Federal, ao romper com o modelo eminentemente adversarial, contribuiria à apresentação dos caminhos constitucionais legítimos ao legislador. A solução da corte por não decidir ou decidir parcialmente, nos limites da lide, deixa questões ao debate público e corrobora ao entendimento exposto neste trabalho de que a pressão da virtude passiva do diálogo é mais eficiente que a originada por coação ou pelo modelo tradicional adversarial, devido à oportunidade de reprise legislativa. A lógica reativa dá origem a episódios como o da Proposta de Emenda à Constituição nº 33 de 2011 que poderia provocar insegurança jurídica e interferência legislativa sobre atividades meramente judiciais, numa resposta confrontativa à atuação ativista do Supremo Tribunal Federal.

Por conceitos como "última palavra provisória" ou "rodadas procedimentais" ficam claras a exata dimensão e limitação da proposta lançada no trabalho. As teorias do diálogo, sejam pela experiência canadense ou nova zelandense, que no prisma internacional as consagram instrumentalmente, ao observar que a complexidade temática depende de sequências deliberativas, põem a revisão judicial sob nova luz. Um lampejo de que última palavra e diálogo não se excluem, mas se complementam, posto que assim como o direito e a política precisam de últimas palavras provisórias, precisam também de continuidade, refinamento e engrandecimento.

# 8 CONCLUSÃO

Numa conjuntura de incremento dos processos de ativismo e judicialização da política, o Supremo Tribunal Federal, encampando o desenho institucional brasileiro consagrado na Constituição Federal de 1988, assumiu a conduta de protagonista institucional estratégico. O protagonismo dos tribunais e a interdependência irrefragável entre direito e política promoverão profundas mudanças no arranjo institucional, com modificações patentes nas regras do jogo democrático, em especial, quanto à determinação do poder ou instituição que, em face dos outros atores político-institucionais, pode dar a última palavra provisória sobre direitos.

O recente fenômeno de esvaziamento da política em prol da constitucionalização dos assuntos de relevância nacional originou a expansão das discussões acerca da última palavra e do diálogo. Para tanto, a literatura apresenta tanto inclinações por juízes e cortes, ou por legisladores e parlamentos, quanto dá uma solução pautada no diálogo constitucional, enquanto terceira via para superação de extremismos, hostilidades, ou de outro lado, evitar a simples postura deferente dos tribunais.

Em síntese, torna-se impreterível a alteração nos cálculos político-jurídicos, tradicionalmente pautados na hermenêutica constitucional com ênfase no cariz normativo, interpretativo e abstrato, para uma proposta de hermenêutica institucional, em caráter complementar àquela, que confere realismo, concretude empírica e operacionalidade ao debate sobre os diferentes modelos de interpretação constitucional em competição no âmbito da teoria do direito, da argumentação jurídica e da teoria constitucional. Exsurge o modelo dialógico como via intermediária para proporcionar o direito ao erro, para reduzir os ônus e custos das decisões judiciais e desmontar a presunção da infalibilidade das instituições.

Não há uma fórmula para lidar corretamente com a interação entre as instituições. É mais factível encontrar critérios de legitimidade para atuação das instituições em cada contexto, ao invés de assumir um argumento gnosiológico pela supremacia ou última palavra de qualquer uma delas. Parece ser possível potencializar a democracia sem enjeitar a probabilidade do erro. Não obstante a redução de erros advenha isoladamente de um poder ou outro, de uma instituição ou outra, a efetiva atenuação decorre do desempenho deliberativo da corte e do parlamento e da perquirição pelos melhores argumentos e "razões públicas".

# REFERÊNCIAS

ACKERMAN, Bruce. The Storrs Lectures: Discovering the Constitution. *Yale Law Journal*, v. 93, 1984.

AGRA, Walber de Moura. Financiamento eleitoral no Brasil. *Enciclopédia Jurídica da Pontifícia Universidade Católica de São Paulo*. Tomo Direito Administrativo e Constitucional, Ed. 1ª. Maio de 2017. Disponível em:<https://enciclopediajuridica.pucsp.br/verbete/150/edicao-1/financiamento-eleitoral-no-brasil>. Acesso em: 30 jun. 2017.

BARROSO, Luís Roberto. Constituição, Democracia e Supremacia Judicial: Direito e Política no Brasil contemporâneo. *Revista Jurídica da Presidência*. Brasília, v. 12, n.96, fev-mai. 2010.

BARROSO, Luís Roberto. *O controle de constitucionalidade no direito brasileiro*: exposição sistemática da doutrina e análise crítica da jurisprudência. 6ª ed. rev. e atual (versão digital e-book). São Paulo: Editora Saraiva, 2012a. p. 1679-1700.

BARROSO, Luís Roberto. *O novo direito constitucional brasileiro*: contribuições para a construção teórica e prática da jurisdição constitucional no Brasil. 1ª ed. Belo Horizonte: Editora Fórum, 2012b. p. 19-56.

BAUM, Lawrence. *A Suprema Corte Americana*. Rio de Janeiro: Forense Universitária, 1985.

BICKEL, Alexander. *The Least Dangerous Branch*: the Supreme Court at the bar of politics. Bobbs-Merrill, 1962.

BIGONHA, Antonio Carlos Alpino; MOREIRA, Luiz (Org.). *Limites do Controle de Constitucionalidade*. 1ª Rio de Janeiro: Lumen Juris, 2009. 270 p.

BRANDÃO, Rodrigo. *Supremacia Judicial versus diálogos constitucionais: a quem cabe a última palavra sobre o sentido da constituição?* Rio de Janeiro: Lumen Juris, 2012.

BRASIL. Congresso. Câmara dos Deputados. *Conferência de Assinaturas*. Secretaria-Geral da Mesa. Serviço de Análise de Proposições - SERAP, Brasília-DF, 2011.

BRASIL. Congresso. Câmara dos Deputados. *Diário da Câmara dos Deputados*. Ano LXVI, nº 089. Quinta-feira, 26 de maio de 2011, Brasília-DF, 2011, p. 26.126-26.132.

BRASIL. Congresso. Câmara dos Deputados. *Proposta de Emenda à Constituição nº 33*. Brasília-DF, 2011.

BRASIL. Congresso. Câmara dos Deputados. *Proposta de Emenda à Constituição nº 50*. Brasília-DF, 2016.

BRASIL. Congresso. Câmara dos Deputados. *Relatório nº 01 da Comissão de Constituição e Justiça e de Cidadania. PEC nº 33/2011*, Brasília-DF, 2011.

BRASIL. Congresso. Câmara dos Deputados. *Relatório nº 02 da Comissão de Constituição e Justiça e de Cidadania. PEC nº 33/2011*, Brasília-DF, 2012.

BRASIL. Congresso. Câmara dos Deputados. *Voto em Separado dos Deputados Paes Landim e Vieira da Cunha*, Brasília-DF, 2013.

BRASIL. Constituição Federal de 1988. *Constituição da República Federativa do Brasil*. Brasília: Câmara dos Deputados, 1988.

BRASIL. Supremo Tribunal Federal. *Ação Direta de Inconstitucionalidade nº 2240 Bahia*. Requerente: Partido dos Trabalhadores (PT). Relator: Ministro Eros Grau. Brasília, DF, 09 de maio de 2007. *Diário do Judiciário Eletrônico e Diário Oficial da União*. Brasília, 03 ago. 2007. n. 72..

BRASIL. Supremo Tribunal Federal. *Ação Direta de Inconstitucionalidade n° 4650 Distrito Federal.* Requerente: Conselho Federal da Ordem dos Advogados do Brasil. Relator: Ministro Luiz Fux. Brasília, DF, 17 de setembro de 2015. *Diário do Judiciário Eletrônico e Diário Oficial da União.* Brasília, 08 mar. 2016. n. 34.

BRASIL. Supremo Tribunal Federal. *Ação Direta de Inconstitucionalidade n° 4983 Ceará.* Requerente: Procurador-Geral da República. Relator: Ministro Marco Aurélio Mello. Brasília, DF, 06 de outubro de 2016. *Diário do Judiciário Eletrônico e Diário Oficial da União.* Brasília, 27 abr. 2017. n. 87.

BRASIL. Supremo Tribunal Federal. *Ação Direta de Inconstitucionalidade n° 5105 Distrito Federal.* Requerente: Solidariedade. Relator: Ministro Luiz Fux. Brasília, DF, 01 de outubro de 2015. *Diário do Judiciário Eletrônico e Diário Oficial da União.* Brasília, 16 mar. 2016. n. 49.

BRASIL. Supremo Tribunal Federal. *Mandado de Segurança n° 26602 Distrito Federal.* Impetrante: Partido Popular Socialista (PPS). Relator: Ministro Eros Grau. Brasília, DF, 04 de outubro de 2007. *Diário do Judiciário Eletrônico e Diário Oficial da União.* Brasília, 17 out. 2008. n. 197.

BRASIL. Supremo Tribunal Federal. *Mandado de Segurança n° 26603 Distrito Federal.* Impetrante: Partido da Social Democracia Brasileira (PSDB). Relator: Ministro Celso de Mello. Brasília, DF, 04 de outubro de 2007. *Diário do Judiciário Eletrônico e Diário Oficial da União.* Brasília, 17 out. 2008. n. 197.

BRASIL. Supremo Tribunal Federal. *Mandado de Segurança n° 26604 Distrito Federal.* Impetrante: Democratas (DEM). Relator: Ministra Carmen Lúcia. Brasília, DF, 04 de outubro de 2007. *Diário do Judiciário Eletrônico e Diário Oficial da União.* Brasília, 17 out. 2008. n. 197.

BRASIL. Supremo Tribunal Federal. *Mandado de Segurança n° 32036 Distrito Federal.* Impetrante: Carlos Sampaio. Impetrados: Mesa da Câmara dos Deputados e União. Relator: Ministro Dias Toffoli. Brasília, DF, 25 de abril de 2013. *Diário do Judiciário Eletrônico.* Brasília: DJE, 06 set. 2016, n. 190.

BRASIL. Supremo Tribunal Federal. *Mandado de Segurança n° 32037 Distrito Federal,* Impetrante: Roberto João Pereira Freire. Impetrados: Presidente da Comissão de Constituição e Justiça e de Cidadania da Câmara dos Deputados e União. Relator: Ministro Dias Toffoli. Brasília, DF, 25 de abril de 2013. *Diário do Judiciário Eletrônico.* Brasília: DJE, 06 set. 2016, n. 190.

BRASIL. Supremo Tribunal Federal. Tribunal Pleno. *Arguição de Descumprimento de Preceito Fundamental n° 54 Distrito Federal*, Arguente: Confederação Nacional dos Trabalhadores na Saúde – CNTS. Relator: Ministro Marco Aurélio. Brasília, DF, 14 de abril de 2012. *Diário do Judiciário Eletrônico*. Brasília: DJE, 30 abr. 2013, n. 80.

BRASIL. Supremo Tribunal Federal. Tribunal Pleno. *Ação Direta de Inconstitucionalidade n.° 2240 Bahia*, Requerente: Partido dos Trabalhadores – PT, Requerido: Governador do Estado da Bahia. Relator: Ministro Eros Grau. Brasília, DF, 09 de maio de 2007. *Diário do Judiciário Eletrônico*. Brasília: DJE, 03 ago. 2007, n. 72.

BRASIL. Supremo Tribunal Federal. Tribunal Pleno. *Mandado de Injunção n° 712 Pará*, Requerente: Sindicato dos Trabalhadores do Poder Judiciário do Estado do Pará – SINJEP, Requerido: Congresso Nacional. Relator: Ministro Eros Grau. Brasília, DF, 25 de outubro de 2007, *Diário do Judiciário Eletrônico*. Brasília: DJE, 31 out. 2008, n. 206.

BRASIL. Supremo Tribunal Federal. Tribunal Pleno. *Arguição de Descumprimento de Preceito Fundamental n° 132 Rio de Janeiro*, Requerente: Governador do Estado do Rio de Janeiro. Relator: Ministro Ayres Britto. Brasília, DF, 05 de maio de 2011, *Diário do Judiciário Eletrônico*. Brasília: DJE, 14 out. 2011, n. 198.

BRASIL. Supremo Tribunal Federal. *Recurso Extraordinário n° 197917 São Paulo*. Recorrente: Ministério Público Estadual, Câmara Municipal de Mira Estrela e Outros. Relator: Ministro Maurício Corrêa. Brasília, DF, 06 de junho de 2002. *Diário do Judiciário Eletrônico e Diário Oficial da União*. Brasília, 07 mai. 2004. n. 2150-03, p. 368.

BRASIL. Supremo Tribunal Federal. *STF conclui julgamento sobre financiamento de campanhas eleitorais*. Quinta-feira, 17 de setembro de 2015. Disponível em: <http://www.stf.jus.br/portal/cms/verNoticiaDetalhe.asp?idConteudo=300015>. Acesso em: 30 jun. 2017.

BRASIL. Supremo Tribunal Federal. *STF invalida regras que restringem acesso de novos partidos ao Fundo Partidário e à propaganda eleitoral*. Quinta-feira, 01 de outubro de 2015. Disponível em: < http://www.stf.jus.br/portal/cms/verNoticiaDetalhe.asp?idConteudo=300922>. Acesso em: 30 jun. 2017.

CAMARGO, Margarida Lacombe; VIEIRA, José Ribas; BACHA E SILVA, Diogo. *A vaquejada e o incipiente diálogo institucional*: O difícil diálogo em meio a um constitucionalismo de conflito instaurado pela crise política. JOTA, 2017. Disponível em: <https://www.jota.info/artigos/a-vaquejada-e-o-incipiente-dialogo-institucional 23062017>. Acesso em: 24 jun. 2017.

CASTRO, Marcus Faro de. *O Supremo Tribunal Federal e a Judicialização da Política*. Revista Brasileira de Ciências Sociais. São Paulo, v. 12, n. 34, p. 147-156, 1997.

CAVALCANTE, Márcio André Lopes. *Breves comentários à Emenda Constitucional 96/2017*: Emenda da Vaquejada. Dizer o Direito, 2017. Disponível em: <http://www.dizerodireito.com.br/2017/06/breves-comentarios-ec-962017-emenda-da_7.html>. Acesso em: 24 jun. 2017.

CAVALCANTE, Márcio André Lopes. *Superação legislativa da jurisprudência e ativismo congressual*. Dizer o Direito, 2015. Disponível em: < http://www.dizerodireito.com.br/2015/10/superacao-legislativa-da-jurisprudencia.html>. Acesso em: 30 jun. 2017.

CLÈVE, Clèmerson Merlin; LORENZETTO, Bruno Meneses. Diálogos institucionais: estrutura e legitimidade. *Revista de Investigações Constitucionais*, Curitiba, vol. 2, n. 3, p. 183-206, set./dez. 2015. DOI: http://dx.doi.org/10.5380/rinc.v2i3.44534

DALLARI, Dalmo de Abreu. *Elementos de Teoria Geral do Estado*. 27 ed. São Paulo: Saraiva, 2007.

DWORKIN, Ronald. *Freedom's Law*: a Moral Reading of the American Constitution. Cambridge: Harvard University Press, 1996.

ELY, John Hart. The Apparent Inevitability of Mixed Government. *Constitutional Commentary*, June 1999.

FERNANDES, Hugo Abrantes. *Análise crítica da ADI 4650 à luz da história brasileira*: a decisão foi uma mudança de rumos ou uma retomada?. 2016. 71 f. Monografia (Bacharel em Direito). Faculdade de Direito, Universidade de Brasília, Brasília, 2016.Disponível em:<http://bdm.unb.br/bitstream/10483/14655/1/2016_HugoAbrantesF ernandes_tcc.pdf>.Acesso em: 30 jun. 2017.

FERREIRA, Ruan Espíndola. *Possibilidade de aplicação das teorias dos diálogos institucionais no ordenamento brasileiro: um estudo sobre inconstitucionalidade por omissão*. 2014. 260 f. Dissertação (Mestrado em Ciências Sociais Aplicadas).

Universidade Federal de Uberlândia, Uberlândia, 2014.

INFORMATIVO STF n° 801. Brasília: *Supremo Tribunal Federal*, 2015. Disponível em:<http://www.stf.jus.br/arquivo/informativo/documento/informativo8 01.htm>. Acesso em:30 jun. 2017.

LEITE, George Salomão; SARLET, Ingo Wolfgang (Org.). *Constituição, Política e Cidadania*: Em homenagem a Michel Temer. Artigo: GUERRA, Gustavo: *Ativismo Judicial em Movimento: Direito e Política na paisagem constitucional e seus reflexos na cidadania*. p. 177-197. 1ª Porto Alegre: Lumen Juris, 2012. 468 p.

LEITE, Ravênia Márcia de Oliveira. *A criação de municípios e a jurisprudência do STF.* Consultor Jurídico, 2009. Disponível em: < http://www.conjur.com.br/2009-mar-10/stf-criacao-municipio-luis-eduardo-magalhaes-bahia>. Acesso em: 24 jun. 2017.

LINARES, Sebastián. *La (i)legitimidad democrática del control judicial de las leyes.* 1ª Madrid: Marcial Pons, 2008. 334 p.

LÍRIO DO VALLE, Vanice Regina; PULCINELLI, Eliana; MANEIRO, Renata de Marins Jaber (Org.). *Contestação, persuação e consenso no STF*: construindo um constitucionalismo democrático. 1ª. ed. Rio de Janeiro: Gramma, 2016. 184 p. Disponível em: <https://books.google.com.br/books?id=Bq2iDQAAQBAJ&pg=PA4 &lpg=PA4&dq=backlash+e+di%C3%A1logos+institucionais&source=bl &ots=cELMr-9MMH&sig=_kAORkjVzMmg937bvpyiCgamvaA&hl=pt-BR&sa=X&ved=0ahUKEwjloKHKxdXUAhXFkZAKHcFODVIQ6AEI ODAD#v=onepage&q=backlash%20e%20di%C3%A1logos%20institucio nais&f=false>.Acesso em: 24 jun. 2017.

MENDES, Conrado Hübner. *Direitos fundamentais, separação de poderes e deliberação*. 1ª São Paulo: Saraiva, 2011.

NONATO, Israel. Jane Reis: *O supremo não é oráculo*. Disponível em: <http://www.osconstitucionalistas.com.br/jane-reis-o-supremo-nao-e-oraculo>. Acesso em: 10/jun/2013.

OLIVEIRA, Leandro Correa de. *O Judicial Review permite um diálogo entre poderes.* Consultor Jurídico, 2012. Disponível em:<http://www.conjur.com.br/2012-nov-23/leandro-oliveira-judicial-

review-permite-dialogo-entre-poderes>. Acesso em: 24 jun. 2017.

SARMENTO, Daniel; SOUZA NETO, Cláudio Pereira de. *Direito Constitucional.* Teoria, história e métodos de trabalho. Belo Horizonte: Fórum, 2012, 624 p.

SHAPIRO, Ian. *The State of Democratic Theory.* Princeton: Princeton University Press, 2006.

SILVA, Alexandre Garrido da. *Minimalismo, Democracia e Expertise*: O Supremo Tribunal Federal diante de questões políticas e científicas complexas. Revista de Direito do Estado, Rio de Janeiro, n. , p.107-142, out./dez. 2008. Trimestral. p. 108.

SILVEIRA, Ramaís de Castro. *Diálogos Constitucionais?*: Análise da interpretação da Constituição, na dinâmica Congresso-STF, à luz de um pressuposto deliberativo. 2016. 486 p. Tese de Doutorado (Doutor). Faculdade de Direito, Universidade de Brasília,Brasília, 2016. Disponível em:<http://repositorio.unb.br/bitstream/10482/21125/1/2016_RamaisCa stroSilveira.pdf>.Acesso em: 30 jun. 2017.

SUNSTEIN, Cass. *One Case at a Time*: Judicial Minimalism on the Supreme Court. Cambridge: Harvard University Press, 2001
TATE, Neal C.; VALLINDER, Tobjörn. *The Global Expansion of Judicial Power.* New York: University Press, 1995.

TUSHNET, Mark. *Cetismo sobre o Judicial Review: Uma Perspectiva dos Estados Unidos.* BIGONHA, Antonio Carlos Alpino; MOREIRA, Luiz (Org.). Limites do Controle de Constitucionalidade, Rio de Janeiro, n. 1, p.221-241, 2009.

SUNSTEIN, Cass. *Radicals in robes: why extreme right-wing Courts are wrong for America,* 2005.

WALDRON, Jeremy. The core of the case against judicial review. *Yale Law Journal,* v. 115, 2006.

WALDRON, Jeremy. *O Judicial Review e as Condições da Democracia.* BIGONHA, Antonio Carlos Alpino; MOREIRA, Luiz (Org.). Limites do Controle de Constitucionalidade, Rio de Janeiro, n. 1, p.243-270, 2009.

# SOBRE O AUTOR

**Felipe Pereira Maroubo** é Mestre em Direito Público pela Universidade do Estado do Rio de Janeiro (UERJ) e Bacharel em Direito pela Universidade Federal de Uberlândia (UFU) com mobilidade internacional pela Universidade do Porto, Portugal (UP). Advogado do Município de Leme – Estado de São Paulo. Editor executivo da Revista Publicum vinculada à linha de Direito Público do Programa de Pós-Graduação em Direito da UERJ. Possui experiência acadêmica em temas de direito público, como teoria da constituição, direitos fundamentais, interpretação constitucional, jurisdição constitucional, desenhos institucionais, direito administrativo e comportamento das instituições.